U0072167

大拓
Talent Tool

Natural

我猜！
他下一步會這麼做
人性心理學最高境界

如何從身體、外貌、表情、習慣、動作、談吐、
飲食習慣和愛好等方面瞭解別人的性格，
看穿別人的心理？

人們所說的一些話並不是可靠的訊息來源，
人類在所有活著的物種當中是最會撒謊的。
因為人們會假裝，一些人還假裝得極為真實，
甚至連他們的行為也不會顯露出真情。
俗話說：「出門觀天色，進門看臉色。」
學會察言觀色，學會透過種種跡象看穿別人，
實在是不可忽視的處世之道。

丁夫 編著

國家圖書館出版品預行編目資料

我猜！他下一步會這麼做：人性心理學最高境界／
丁夫編著.--初版.--
　臺北縣汐止市：大拓文化,民99.03
　　面；公分.--（輕鬆生活館：05）
　　ISBN：978-986-6972-81-2(平裝)
　　1. 個性　　2. 行為心理學
173.7　　　　　　　　　　　　　　　　　99000354

輕鬆生活館 05

我猜！他下一步會這麼做：
人性心理學最高境界

編　　著／丁夫
出 版 者／大拓文化事業有限公司
執行編輯／林美娟
社　　址／221 台北縣汐止市大同路三段 194 號 9 樓之 1
電　　話／02-86471981
傳　　真／02-86473660

總 經 銷／永續圖書有限公司
劃撥帳號／18669219
地　　址／221 台北縣汐止市大同路三段 194 號 9 樓之 1
電　　話／02-86473663
傳　　真／02-86473660
E-mail／yungjiuh@ms45.hinet.net
網　　址／www.foreverbooks.com.tw
法律顧問／永信法律事務所　　林永頌律師

初版日期／2010 年 03 月

前言

　　一位心理學家指出：「人容易瞭解許多動物的習性和自然現象，卻難於瞭解自己本身。難以捉摸的是人的心理、人的需求、慾望和人的個體特徵。」很明顯，人們所說的一些話並不是可靠的訊息來源；人類在所有活著的物種當中是最會撒謊的，他們的確也經常撒謊。人們同樣也不能完全相信他人的動作、手勢或者表現，因為人們會假裝，一些人還假裝得極為真實。甚至他們的行為也不會顯露出真情，直到最後的關鍵時刻才暴露出真正的自我。

　　然而，掌握一些簡單易學的心理學知識，學會觀察和瞭解別人，對於我們搞好人際關係，更輕鬆地為人處世是非常重要和極為必要的。

　　19世紀德國著名心理學家、科學教育學家約翰・弗里德里希・赫爾巴特建議每個人都應瞭解心理學基礎，因為「人類活動的全部可能性的概要，均在心理

學中被從因到果地陳述了」。心理學常識是我們每個人都應瞭解的基本知識，對個性心理特徵、心理活動對肌體的影響等方面的瞭解，有助於親情關係的加深，人際關係的調整，上下級關係的理順；使我們無論是在維護身心健康上，還是積極發展自我，贏得更和諧的人際關係，更有效地在工作上都會得心應手，終身受益。

現代人越來越深刻地認識到，人際關係的數量和質量，決定了一個人的事業前途和快樂幸福，甚至健康。因此，學習和掌握一些人際交往的心理學知識，努力與別人建立和保持和諧的人際關係是非常有意義的。

俗話說：「出門觀天色，進門看臉色。」觀天色，可推知陰晴雨雪，攜帶雨具，以不受日曬雨淋；看臉色，便可知其情緒和心理，以靈活地調整自我的應對方式，及時地或退或進，以免失去最好的機會，或造成不必要的衝突。學會察言觀色，學會透過種種跡象看穿別人，實在是不可忽視的處世之道。

《我猜！他下一步會這麼做》一書，不僅詳細介紹了如何從身體、外貌、表情、習慣、動作、談吐、飲食習慣和愛好等方面瞭解別人的性格，看穿別人的

心理；還針對男女心理、性格和習慣的差異，對看穿男人和女人的要領進行了專業的分析和探討；最後，還具體介紹了在職場怎樣準確地觀察和判斷別人，以採取有效的應對措施，並就如何樹立良好的自我形象、強化個人魅力等方面提出了非常實用的參考要點。

最後要強調的是，這不是一本盡講些空洞說教或玄奧理論的「心理學」專著，也不是宣揚宿命論和唯心思想的「面相學」雜談，而是介紹了一些你馬上可以用在生活中、工作上、人際關係上的原則和方法。我們相信，這本書能給許多普普通通的讀者帶來很多智慧、信心、魅力和快樂。

▶Part 1
由飲食習慣和愛好進行推測

從我們的文化中不難看出，食物和心理有著密切關係。比如，在男女關係方面的嫉妒情緒叫「吃醋」；我們心情愉快的時候總覺得心裡「甜甜」的；再拿「潑辣」這個詞來說，如果一個人嗜辣如命，那麼，他(她)一定比較「潑」(嗜辣的人脾氣通常比較火爆，這類人在性格上多屬於「多血質」型)……心理學家發現，飲食習慣和愛好同每個人的性格、氣質以及心理有著必然的關係。在生活中，各人有各人的愛好，人的愛好出自人的本性；愛好不同的人，秉性也不同。

▶Part 2
以良好的形象打動別人

有經驗的公眾人物，總是善於運用恰當、獨特的體態動作來改善自己的形象。在日常生活中，我們會經常看到一些人，他只和你有過一面之交，但是他卻讓你對他難以忘懷，他的一舉一動，他的音容笑貌會深深地刻印在你的腦海中。那就是因為他具有鮮明的性格特點和良好的形象魅力。如果在禮貌、服飾、表情、姿態、禮節、談吐和精神等方面多留些心，多下些工夫，就能夠更好地塑造自身形象、增加個性魅力。

CONTENTS

▶**Part 3**
在職場準確地觀察和判斷別人*

每個職場中人都希望贏得上司的青睞和同事的好感，以贏得更多的機會。假若你覺得自己在某一個單位內工作一直不順心，那麼，十之八九是因為你根本不瞭解你那些朝夕相處的上司和同事們，更不懂得如何去與性格不同的人周旋和打交道。一位哲人說：「心盲比眼盲更可怕；無知，是最高的傲慢。」如果你在職場習慣於以個人的主觀或偏見來評斷別人，就容易處處碰壁，事事受挫。整天周旋於沒有硝煙卻似戰場的辦公室裡，努力去看穿上司的想法和同事的心思，是最基本的自我保護和自我發展之道。

目 錄

PART 1
由飲食習慣和
　　愛好進行推測

從我們的文化中不難看出，食物和心理有著密切關係。
比如，在男女關係方面的嫉妒情緒叫「吃醋」；我們心
情愉快的時候總覺得心裡「甜甜」的；再拿「潑辣」這
個詞來說，如果一個人嗜辣如命，那麼，他(她)一定比較
「潑」(嗜辣的人脾氣
通常比較火爆，
這類人在性格上多屬於
「多血質」型)……心理學家
發現，飲食習慣和愛好同
每個人的性格、氣質以及心理
有著必然的關係。在生活中，
各人有各人的愛好，人的愛好
出自人的本性；愛好不同的人，
秉性也不同。

人的性格與口味
有著密切的關係

美國行為心理學家最近透過大量的事實研究，發現人的性格與口味有著密切的關係。因此，如果你想瞭解一個人的性格，也不妨從他（她）的口味入手。

一、喜歡吃米飯的人

經常自我陶醉，孤芳自賞；對人對事處理得體，比較通融，但互助精神差。

二、喜歡吃麵食的人

能說善道，誇誇其談，不考慮後果及影響；意志不堅定，做事容易喪失信心。

三、喜歡吃甜食的人

熱情開朗平易近人，但平時有些軟弱和膽小，缺乏冒險精神。

四、喜歡吃酸的人

有事業心，但性格孤僻，不善交際，遇事愛鑽牛角尖，沒有知心朋友。

五、喜歡吃辣的人

嗜辣的人脾氣通常比較火爆，這類人在性格上多屬於「多血質」型。他們待人往往熱情大方，但發起脾氣來也很嚇人；有主見，吃軟不吃硬；善於思考，有時愛挑剔別人身上的小毛病。

六、喜歡吃鹹味食品的人

待人接物穩重，有禮貌，做事有計劃，埋頭苦幹，但比較輕視人與人之間的感情，有點虛偽。

七、喜歡吃大量肉食的人

多數有支配性的性格，富有領袖慾，而且活動性很高，有進取精神。一般說，特別嗜吃肉食的人，也是社交比較活躍的人，與別人很合得來。

八、喜歡吃清淡食品的人

注重交際和接近他人，希望廣交朋友，不願單槍匹馬。

九、喜歡吃煮燉食品的人

性情溫柔，和誰都談得來，常富於幻想，但對於幻想的事物是否能實現，則一點也不計較。

十、喜歡吃烤製食品的人

上進心較強，比較專心致志，性情急躁，愛出主意，但又缺乏當機立斷的勇氣。

十一、喜歡吃油炸食品的人

勇於冒險，有幹一番事業的願望，但受到挫折後，即灰心喪氣。

十二、喜歡吃醬菜的人

比較穩重，善於埋頭苦幹，一般做事有計劃，相對來說，不太看重人與人之間的感情。

十三、喜歡吃冷食的人

比較堅強，且不願表現自己，不太好接近，對大自然有濃郁的興趣。

如果你發現一個人什麼都喜歡吃，那麼就把幾種性格綜合起來考慮吧。

從進食方式可判斷出某些個性

心理學家指出，一個人的進食方式可以看出某些個性：

一、淺嘗即止型

這類人食量小，大部分個性保守，行為謹慎，墨守成規，穩健有餘而闖勁不足，一般是守業者而非創業者。

二、風捲殘雲型

這類人進食速度快，有點狼吞虎嚥，大部分個性豪放，精力旺盛，具有過人的狂熱，辦事果斷，待人真誠，並具有強烈的競爭心和進取精神。

三、仔細咀嚼型

這類人進食速度慢，細細咀嚼品嚐，他們辦事周詳，嚴謹，無把握的事不幹，愛挑剔，對人有時過於冷酷。

四、飲食過量型

這類人進食不加節制，愛吃的食物不飽不休，大部分的人性格直爽，能團結人，喜怒溢於言表，從不掩飾。

五、來者不拒型

　　這類人對食物不選擇，他們個性隨和，不拘小節，生命力旺盛，多才多藝，可以同時應付多種工作。

吃飯中不經意的
表現也能反映心理

　　「吃飯」是人維持自身生存的一種本能，有道是「吃相如人相」。一位日本著名的心理學家經過多年研究發現，一個人在吃飯這個本能行為中的種種不經意的表現，的確可以深層次地反映一個人的心理。

一、從找座位的方式看性格

➡在帶別人一起上餐廳的時候，會帶領大家就座的人，不僅判斷力卓越，也極具自信，但也容易流於獨斷而惹人厭。

➡帶領大家就座，卻發現位子不夠或是有他人先到，於是在店裡四處徘徊重新尋找。有這種習慣的人，判斷力欠佳，且會作出錯誤判斷，經常會出現小失敗，不過卻反而突顯個人魅力，樂於配合他人，老實的性格受人歡迎。

➡總是跟在大家後面的人，是需要別人照顧或依賴性很強的人，凡事不會自己積極主動，卻是配合

周圍人的舉止而行動，是那種不會在意細枝末節、性格大方的人。

➥馬上去問店員哪裡還有空位的人，雖然做事會以合理化的方式往前邁進，不過會有以眼前結果為優先，而疏忽喜好與氣氛等心理因素的傾向。也有不考慮別人意見與想法的一面。

二、從點菜的方式看是否深思熟慮

➥速戰速決點菜的人，下決定速度快，性子急，有想法太過天真、缺乏深思熟慮的一面，擁有領導者特質，但過於獨斷且不相信別人，有「凡事求快」、「不想落後於人」的競爭心。

➥猶豫不決，無法下決定的人，太在意別人，缺乏決斷力。

➥「跟大家一樣」的人，沒有主見，總是左思右想，對自己缺乏自信，跟別人步調一致，行動不積極。

➥會問別人要點什麼的人，做事很有要領，個性親切，雖然計劃周詳，卻不會有更深入的想法，與總是跟別人點同樣菜的人相同，是「同調性」很高的人。如果一邊問別人，一邊卻點了跟對方不同的菜，是不在乎他人而自行其道的人。

➥最後還是點了跟別人一樣菜的人，遵從多數意見，

希望與別人一樣的傾向性很強，不會堅持己見，經常會因為配合別人而改變意見，是難以信賴的人，對自己所屬的團體歸屬意識強烈，不喜歡離開團體或讓團體產生混亂。

➡一次點了一大堆，「這個也要，那個也要」的人，是心浮氣躁的人，想法與需要非得直接表達才甘心，有點孩子氣，可說是對失敗的可能性缺乏慎重思考的人，也欠缺隨機應變的彈性。

三、從吃法瞭解是否在意別人

➡一道一道吃的人，將好幾盤菜從最邊緣開始按順序吃的人，眼前該做的事情就會勇敢直前，一旦開始埋頭苦幹，就毫不在乎周圍人的眼光。一件事沒有做完，就絕不會心有旁騖。這樣的人可以發揮卓越的集中力，對於同時進行多項工作就不拿手了。要他以寬廣的視野看待事物是很困難的。在個性上，也有一本正經與頑固的地方。

➡不管別人，馬上吃完的人，極度自私，自以為是，雖然能處理較具積極與活動性的工作，但都以自己的步調來進行，就算造成別人困擾也不以為意；也有的人一旦下定決心，就絕不會動搖，態度強硬，對批評毫不在乎，仍貫徹始終。

四、從剩菜殘留的方式發現個性

吃得亂七八糟的人性格粗枝大葉，任性；盤子乾乾淨淨的人做事有計劃，一絲不苟；整齊地留下食物的人，在意別人的眼光，對別人很嚴格；即使只剩一口也不吃完的人，姑息自己，直率。

不同性格的人對水果的偏愛是不同的

心理學家發現，不同性格的人對水果的偏愛是不同的。

一、愛吃香蕉的人

吃香蕉能幫助內心軟弱、多愁善感的人驅散悲觀、煩躁的情緒，保持平和、快樂的心情。這主要是因為它能增加大腦中使人愉悅的腦中羥色胺物質的含量。研究發現，憂鬱症患者腦中羥色胺的含量就比常人要少。

愛吃香蕉的人外表堅強、內心軟弱、多愁善感，在意別人對自己的評價。

二、愛吃草莓的人

吃草莓能培養耐心，因為它屬於低矮草莖植物，生長過程中易受污染，因此，吃之前要經過耐心清洗：先摘掉葉子，在流水下沖洗，隨後用鹽水浸泡5～10分鐘，最後再用涼開水浸泡1～2分鐘。之後，你才可以

將這粒營養豐富的「活維生素丸」吃下。

愛吃草莓的人開朗樂觀，非常有自信，會享受生活，但做事缺乏耐心。

三、愛吃葡萄的人

葡萄特別適合「懶惰」的人吃，因為最健康的吃法是「不剝皮、不吐子」。葡萄皮和葡萄子比葡萄肉更有營養。紅葡萄酒之所以比白葡萄酒擁有更好的保健功效，就是因為它連皮一起釀造。而法國波爾多大學的研究人員也發現，葡萄子中含豐富的增強免疫、延緩衰老的物質，而且進入人體後，絕大部分被吸收利用。

愛吃葡萄的人善於交際，組織能力強，而且不會鋒芒太露，懂得保護自己，但比較懶惰。

四、愛吃櫻桃的人

櫻桃中鐵含量很高，是特別適合女性吃的水果，有補虛養血的功效。美國研究人員還發現，吃櫻桃能明顯減輕疼痛感。冬季乾燥，口中容易出現異味，擠出櫻桃汁，加水稀釋後漱口，就能幫你消除這個煩惱。

愛吃櫻桃的人善於理財，但容易感到寂寞，害怕孤獨。

五、愛吃梨的人

梨是令人生機勃勃、精力十足的水果。它水分充足，富含維生素A、B、C、D、E和微量元素碘，能維持細胞組織的健康狀態，幫助器官排毒、淨化，還能軟化血管，促使血液將更多的鈣質運送到骨骼。但吃梨時一定要細嚼慢嚥，才能較好地吸收。

愛吃梨的人很有才華，精力充沛，認定的事情絕不輕言放棄，但有時過於頑固。

六、愛吃橘子的人

經常情緒激動會增加患心臟病、高血壓和中風的危險。哈佛醫學院的專家們建議人們常吃橘子來降低這些症狀發生。但注意每天吃不要超過4個，否則可能出現中醫所說的「上火」表現，如長口瘡等。

愛吃橘子的人感情豐富，具有親和力，但有時非常情緒化，態度讓人捉摸不透。

七、愛吃柚子的人

柚子是保證人體健康，使心血管系統健康運轉的水果。它含有的果膠能降低低密度脂蛋白（膽固醇），減輕動脈血管壁的損傷，維護血管功能，預防動脈硬化和心臟病。研究者還發現，吃8個柚子能明顯促進運動中受傷的組織器官恢復健康。

愛吃柚子的人身體很健康、有很好的運動細胞，

但自我意識太強、容易急躁。

八、愛吃蘋果的人

每天吃少量的蘋果就能預防多種疾病，還讓人有飽腹感，不愧是水果中最務實的。美國癌症研究中心特別建議人們常吃蘋果來預防癌症，因為其中含量豐富的天然抗氧化劑，能夠有效消除自由基，降低癌症發生率。

愛吃蘋果的人務實，做事冷靜、有計劃，不怕艱苦，但自尊心強，有些守舊。

從飲食的小動作 與習慣看性格

從某些飲食方面的小動作與習慣可以知道一個人的個性，就以吃薄餅或漢堡等為例，如何開始吃第一口，就可以看出你的個性。一般來說，吃法可以分為三種，擁有不同習慣的人的性格也不一樣。

一、先吃邊緣

先細細咬，慢慢嚼，你是個小心謹慎的人，處事鎮定，就算在緊急關頭也不慌不忙。平日做事很有條理，連房間書桌也井井有條，也懂得循序漸進的道理。然而，也有不足之處，即凡事太過於考慮，以致有拖延進度的情形出現，同時很容易迷上某些事物。

二、先咬一大口

這種人是一個不拘小節，有很豪爽的性格，小事情更加毫不在乎，很有膽量，是個行動型的人物。好勝心強，有自信，不大理會別人的意見，自以為對就馬上實行。這種人的缺點是過分衝動，往往到頭來吃

虧的是自己，應改善一下，盡量聽取別人意見。

三、把漢堡或餅拆開一半才吃第一口

這種人是一個認真的人，做事態度不錯，往往要慎重考慮才行動。即使心裡很喜歡某些東西，也不會急於去獲取，凡事尊重別人意見，要對方表示才敢行動，不過過分客氣，可能經常會被人佔了便宜。

對不同酒的愛好能 表現男人的性格和品味

對不同酒的愛好，在很大程度上能表現男人的性格和品味。

一、選擇啤酒的男人

與任何人都談得來，具有服務精神，愛取悅他人，也容易獲得別人的好感。

二、選擇雞尾酒的男人

大多屬於善於玩樂的新新人類，很重視氣氛。但如果對於雞尾酒不太重視口味而只看重名字的男人，就屬於比較懷舊、易傷感、性格比較脆弱的人，這種人比較敏感，容易被環境所左右，是個沒有主見和缺乏照顧別人能力的男人。

三、選擇威士忌加冰的男人

是個真正喜歡喝酒的人，同時是個實用主義者，凡事都以實用為本，性格開朗，不會裝腔作勢，與人交往時好惡分明，即使對方是女性也不會因此而有所

收斂。這種男人大方、慷慨，但他的世界黑白分明，容易得罪人。

四、選擇白酒（燒酒）的男人

無論是工作還是玩樂都積極參與，具有活力，性情率直，連私人秘密都會輕易告訴別人，是個心裡藏不住東西的男人，也因此而交際廣泛，但缺乏耐心和細心。他的女朋友或老婆一定很累，因為這樣的男人就像一個任性又可愛的大男孩，他要求伴侶要尊重他的生活方式，因此兩個人的世界經常風波不斷。

五、選擇葡萄酒的男人

現在流行喝葡萄酒，時髦的人都會學習如何品嚐，但是人始終有自己的喜好和個性，選擇葡萄酒的時候，這一點會很自然地流露出來。在約會時選擇喝葡萄酒的男人，基本上不會是個「土包子」，尤其選擇在有情調的餐廳與女友約會的男人，是個有見識、社交活躍，並且懂得享受生活的人。

六、選擇香檳酒的男人

性格比較挑剔，是個不滿足於平凡的人，喜歡追求華麗、高貴，對異性的要求也很高，即便是作為普通的朋友，跟他相處也要具備相當的條件，比如個人品味要不落俗套，對事物有獨到的見解等。

七、選擇不喝酒的男人（酒精過敏除外）

是隨時要讓自己清醒的男人，害怕酒後吐真言。這種男人比較頑固，不願聽從他人的意見，也不會隨便表露自己的真實感受，跟這樣的男人相處會讓人很費心思，性子急的人（尤其是女人）常常會無所適從。

餐廳選座位能表現出
人的性格和處世方式

走進一家沒有客人的餐廳，一個人會選擇哪個座位，在很大程度上揭示了他的性格和處世方式。

一、選擇中央位子的人

好勝心強，非常有自信，希望成為眾人的焦點。總認為自己是最優秀的一員，但實際上並不一定如此，因而容易引起別人不服氣。他將餐廳看做是表演舞台，自己則坐在舞台中央，受台下觀眾矚目。這種人富冒險性格，喜歡和人一較長短。

凡事堅持自己意見，即使這些意見不如別人，他也不會屈從。在人際關係上，由於處處表現驕傲、愛出風頭，想要控制別人的意圖，所以知己朋友並不多。

二、選擇靠窗位子的人

他外表平和，內心卻十分剛強。個性明朗，崇尚健康、光明、自由的生活。他通常比一般人更富於理智，處理事情有彈性，待人和藹親切。在自己尚未準

備妥當或有條件之前，絕對不讓自己暴露在眾人面前，珍視每一分錢財，懂得規劃，能夠按部就班邁向成功。

三、選擇牆角位子的人

這種人喜歡站在局外人的角度觀察各個角色在人生舞台上的演出。盡量躲在角落壓低自己的姿態，不喜歡引人注意。走路的時候習慣走在隊伍後面，要他走在人前會感覺渾身不自在。他屬於情感豐富，較為敏感的類型。稍微不如意，就會使他感到無比沮喪。他對愛情的感應敏銳、細緻。

四、選擇門口附近位子的人

他熱情、急切，神經總是繃得緊緊的，是典型的急性子，動作、姿態與生活步調都很快，做起事情來孜孜不倦，擁有不斷上進、追求新奇的活力。這種人意志堅定，凡事不屈不撓。缺點是固執己見，有剛愎自用的傾向。

▶汽車的顏色反映車主的性格、情感和身份

　　顏色不僅是汽車的包裝和品牌識別的標誌，而且還反映車主的性格、情感和身份。

　　車色心理學的定律是：選擇車身顏色較不起眼的人，多半是循規蹈矩、工作慾望強烈的人；相反選擇亮麗顏色的人，真正野心勃勃的並不多，他們是滿足於享受生活樂趣的人。以下是一位法國車色心理學家的分析，僅供參考：

一、紅色

　　選擇紅色車的人，是潮流的追隨者，他們注重自我，比較在意自己的社會形象。如果紅色車的主人是女性，那她最在意的就是，說她看上去比實際年齡大。這類人開車應注意車速過快。

二、黃色

　　選擇黃色車的人，什麼事情都喜歡自己做主。戀愛、婚姻、擇業主動積極，就算身邊親友反對也會堅

持下去。不過，很多時候勇往直前會碰釘子，最好還是好好計劃一下再行事。這類人常因不守交通規則而惹麻煩。

三、白色

白色能夠陪襯多種不同顏色，喜歡白色的人，同樣表現出非凡的適應能力，可與性格不同的人相處。由於白色車主開車太苛求安全，同行者常嫌車速太慢。白色車不只給人亮麗整潔的感覺，在夏季艷陽高照之下，車內溫度也最低。不過白色車用久了表面容易泛黃，因此，購車者平日保養車身絕不能偷懶。

四、藍色

喜歡藍色車的人，凡事為人著想，頭腦靈活，反應敏銳，但易給人冷漠的感覺。這類人開車喜歡炫耀駕駛技巧。

五、銀色

喜歡銀色車的人，不喜歡過於刺激的活動，由於個性好靜，不管是誰都會對其有好感。有心計，肯努力，若車主為女性，則是不可多得的理想主婦。這類人開車過於謹慎，應聽聽輕音樂，讓自己輕鬆起來。

六、黑色

選擇黑色車的人，性格大多比較深沉，不能按其

行為來猜度內心世界。這類人開車時切忌分神。

七、綠色

喜歡綠色車的人，通常比較敏感。這類人開車時要與前車保持一定距離，防止後方碰撞。

八、香檳色

香檳色車主可能有點憂鬱傾向。這類人開車應保持適當興奮。

喜歡的飾物顏色 和人的性格的關係

一、喜歡紅色飾物的人

這種人性格易衝動，喜歡走極端，注重追求精神上的生存環境，在集體活動中有很強的組織能力，耐力強。

二、喜歡紫紅色飾物的人

這種人無法冷靜客觀地正視自己，喜歡聽取別人的意見，容易受人誘惑，對待追求沒有持之以恆的決心。

三、喜歡粉紅色飾物的人

這種人舉止優雅，注重禮儀，希望永保青春美麗。表面上遇事冷靜，一旦真正有事發生時，會毫無主張，心理不太成熟。

四、喜歡橙色飾物的人

這種人善於雄辯，他們口才很好，性格開朗，說話幽默，不能忍受寂寞的生活，在生活中注重性愛，

對任何事情都喜歡主動出擊。

五、喜歡黃色飾物的人

這種人注重知識上的追求，對人警備心強，不輕易與人交心，心思複雜，但其心靈高潔。如一旦成為好友，是會與你患難與共的。

六、喜歡橄欖色飾物的人

這種人性格壓抑，對待任何事物都喜歡往壞處想。他們比較脆弱，但心地善良，富於同情心。

七、喜歡綠色飾物的人

這種人性格散漫，追求自由，對待事物沒有偏見，心胸寬廣，對人坦誠。

八、喜歡青綠色飾物的人

這種人性格敏銳，擁有纖細的神經和思維，對待事物面面俱到，是很好的軍師型人物。

九、喜歡紫色飾物的人

這種人喜歡給人一種神秘的感覺，具有藝術家的氣質，但常常處於一種自我滿足的狀態是其最大的缺點。

十、喜歡褐色飾物的人

這種人性格堅強，即使目前生活艱難，也不會放棄理想。但個性過於呆板是其最大的缺點。

十一、喜歡白色飾物的人

這種人性格冷漠，對任何事都不積極，遇事沒有決斷力，屬於愛幻想卻很少採取實際行動的人。與這種人共事，旁人需要給其施加壓力和動力才行。

十二、喜歡黃綠色飾物的人

這種人性格乏味，交際圈小，不細心。其為人踏實，如果想過平凡穩定的生活，與其共處是最好的選擇。

十三、喜歡暗紅紫色及暗褐色、黑色飾物的人

這種人性格內向，不喜歡交往。即使交往，表現出來的也不是其真實的性格。這種人有些無法癒合的心靈創傷或痛苦回憶，導致其對人對事不喜歡表露真心。

十四、喜歡灰色飾物的人

這種人欠缺勇氣，沒有主見，追求高雅，有較強的審美觀，性格中有貴族氣。如果買東西，叫這種人給你一些建議是不會錯的。

平時愛看的書籍
能反映性格和心理

　　在心理學家眼裡，讀書不僅能增加一個人的知識和修養，而且還能在某種程度上反映出一個人的性格和心理。

一、喜歡讀言情小說者是感情型的人

　　此類人非常敏感，生性樂觀，直覺發達，通常可很快從悲傷失望中恢復過來，東山再起。

二、喜歡看自傳的人

　　有很強的好奇心，做事謹慎、富有野心。他們在作出決定前，一定會研究各種選擇的利弊得失及可行性，絕不會貿然行事。

三、喜歡看通俗讀物（如各類街頭八卦、花邊文學、文摘類報刊）的人

　　富有同情心，情緒樂觀，能經常給他人帶來樂趣。此類人有源源不斷的趣味性資料做話題，經常是辦公室裡或社交場合上受歡迎的人物。

四、喜歡瀏覽報紙及新聞性雜誌的人

特別是那些喜歡看時事文章的人，多屬於意志堅強的現實主義者，他們善於接受各種新思想。

五、喜歡欣賞漫畫者

一般都喜歡玩樂，性格無拘無束，拒絕把生活看得太認真。

六、喜歡讀《佛經故事》、《聖經故事》之類書籍的人

誠實而勤奮，尊重掌握權力的人，同時亦很容易原諒別人。

七、喜歡讀偵探故事的人

很願意接受思想上的挑戰，善於解決各種問題。別人不敢碰的難題，他們也願意去對付。

八、喜歡看恐怖小說者

多因為生活太沉悶了，使得他們渴望尋找刺激及冒險。

九、喜歡讀科幻小說者

多是富有幻想力和創造性的人，他們多為科學技術所迷惑，喜歡為將來做好計劃。

十、經常翻閱財經雜誌的人

多喜歡競爭，爭強好勝，最喜歡把別人比下去。

十一、喜歡讀歷史書籍的人

富有創造力，不喜歡胡扯、閒談，寧願花時間做些建設性的工作，也不會去參加社交活動。

從名片能夠判斷
一個人的個性

　　小小一張名片，學問可真是深！隨身攜帶自己的名片已經成為一種禮貌，尤其是新新人類，更是希望能設計出一張擁有個人獨特風格的名片，甚至還有的人以它來作為炫耀的工具呢！一張精心設計的名片，可以完全洩露出個人的性格特徵，你可能不相信，但事實證明絕對是真實的。

一、喜歡大字體的人

　　一般個性強的人，因為要強調自我意識，自然選用粗大字體，這種人大多功名心相當強，相當任性，但與這些人深交，他會無條件地照顧你，幫忙到底。他們善於交際，口才好，舉止親切。這種人不會迷失自己，遇到利益時，他們不會拱手讓給別人。

二、名片有別名或改名的人

　　因為自己的名字不雅而改名的人，性格多屬於神經質，小心謹慎、叛逆性強。

這類人的特性是富於獨創性，思想偏激。由於具有謹慎小心和神經質的特性，所以也具有對自己相當在意的一面；因為缺乏剛毅性、堅韌性，所以在遭遇困難或災禍時，總認為逃避就是勝利，而不敢面對現實問題。只有思想淺薄，誤認為改名就可改變命運的人，才是真正沒有自信的人。

三、比他人較快遞出名片的人

比對方更早遞出名片，是著重誠意的表現。其效果是慎重、厚重、重禮儀。收到名片後，仍然不拿出名片給對方，則是粗魯無禮以及拒絕的表現。

四、名片上附記交換時間、場所的人

在名片上附記綱要的人，可說是慎重派人物。他們大都是腦筋靈活、以廣泛興趣為樂的人。交換名片可以促進人際關係，使之更有「緣分」。珍惜曾經見過面的人，是使自己招致「好運」的訣竅。遺忘認識者的姓名，不僅將會渡過沒有運氣的人生，也無法拓展人際關係的範圍，只能說是封閉人生的落伍者。若在交換名片的時候做上標記，則在下次見面時記憶猶新，對方也會認為你是一個認真的人，這也是你們進一步發展新交易的絕好機會。

五、在公司名片上附印「自宅」的人

在名片上附印「自宅」，可以判斷這個人在能力、社交等各方面都相當優秀。有對自己、對社會負責任的效果，在遭遇突發事件時，可以當緊急聯絡處，迅速解決問題。但另一方面，這樣做可能會被他人利用。故名片投放時，要小心提防。

六、同時具有兩種身份名片的人

對於兩種名片分開使用的人，應該說他們是深謀遠慮的人，這種人平日裝出一副忠於公司、勤於職守的姿態，實際上卻在暗地裡做自己的事，甚至在做背叛公司的事。這種人在公司裡，大都有其疏忽散漫的一面，談不上有什麼發展，更不用談「前途」了。

七、名片用光或不帶名片的人

像這種以名片用光或不帶名片為借口的人，大都是孤注一擲的投機者類型，是相當危險的人物。初次見面，彼此瞭解還不到兩三分，立刻以交往數十年的親熱口氣相邀，應特別小心。

八、到處給名片的人

不論直接或間接地到處給名片的人，都是想販賣自己的野心家，這些人大多是自我顯示慾強烈的人。這種人不但容易忘記自己在什麼時候拿名片給了什麼人，而且輕易地把名片當成一種傳單，漫天亂撒。這

種類型的人是經營者的話，大多是老闆或夥計，推車四處奔走的私營企業，雖然常想不勞而獲，大撈一筆，但也常有偷雞不著蝕把米的危險性。

　　像這種帶著大把名片外出的人，大都是以自我為中心的類型，其特徵是活動性強，口才很好，說話絕不會出現任何紕漏，是能夠獲得他人喜歡的人。這種人精力過人，富有活力，輕口承諾。與這種人商談之前，最好能立下約文保證。

隨身背包可以顯示出人的個性

隨身背包是人的心情畫筆。隨身背包同樣可以顯示出人的個性。隨身背包的顏色、質地、款式、品牌，無不蘊藏著主人的情趣和境遇。它們在一定程度上可以向外界傳達人的個性訊息，讓外界透過隨身背包來瞭解它的主人。

隨身背包的樣式是多種多樣的，人們可以根據自己的喜好隨意選擇。

一、喜歡大眾化隨身背包的人

他們的性格也比較大眾化，沒有什麼特別鮮明的、屬於自己的個性。這類人思想平庸、狹窄，成就不大。

二、喜歡獨樹一幟、標新立異背包的人

他們通常擁有很強的個性，看事情都能夠從自己獨特的思維、視覺等角度出發，凡事喜歡理性思考，經過分析後，再作出選擇。這一類型的人通常具有濃厚的藝術細胞，喜歡我行我素，不被人限制，同時他

們還具有敢冒風險的精神，有膽有識。如果不出現什麼意外，自己又肯努力，將會在某一領域作出一定的成績。

三、喜歡具有濃郁的民族風格、地方特色的隨身背包的人

具有較強的自主意識，是典型的個人主義者。他們個性突出，往往有著與他人截然不同的衣著打扮、思維方式等。他們在人際交往過程中，不善於營造和諧、融洽的氣氛。

四、喜歡超大型隨身背包的人

他們性格多是那種自由自在、無拘無束，容易與他人建立某種特別關係的人，但是關係一旦建立以後，也會很容易破裂，這或許是由於他們的性格使然，他們對待生活的態度多表現為散漫，缺乏必要的責任感。雖然他們自己感覺無所謂，但卻並不是被所有人都能容忍和接受的。

五、偏愛休閒式隨身背包的人

他們的性格平和，喜歡無拘無束，喜歡從事伸縮性較強、自由活動空間較大的工作。這類人大多懂得享受生活。他們對生活的態度比較隨便，不會苛刻地要求自己。他們比較積極和樂觀，也有一定的進取心，

能很好地安排工作、學習和生活，做到勞逸結合，在比較輕鬆愜意的氛圍裡把屬於自己的事情做好，並會小獲成功。

六、喜歡把隨身背包當成一種裝飾品，不在乎其實用性的人

喜愛這一款式隨身背包的人，多是生活閱歷比較淺，沒有經歷過生活磨難洗禮的人。他們比較脆弱，一旦遭遇挫折將不堪一擊，容易妥協或作出讓步。

一般來說，這種小巧精緻、不實用、裝不了什麼東西的手提包，多會被年紀輕、涉世不深、比較單純的女孩子所崇尚。但如果過了這樣的年紀，步入成年，非常成熟，還熱衷於這樣的選擇，說明這個人對生活的態度是非常積極而樂觀的，對未來充滿美好的期待。

七、喜歡中型肩帶式隨身背包的人

他們個性比較獨立，但在言行舉止等各個方面卻相對比較傳統和保守。他們有一定的自由空間，但不是特別的大，交際圈子比較狹窄，朋友也不是很多。

八、喜歡金屬製隨身背包的人

他們多是有較敏感的時尚觀念，能夠很快跟上流行的腳步，他們對新鮮事物的接受能力也是很強的。但是這一類的人，在很多時候總是吝嗇於付出自己的

財力、物力、情感等,而總是希望別人的付出能夠多於自己。

九、喜歡中性色系手提包的人

其表現慾望並不是很強烈,他們不希望被人注意,目的是減少壓力。他們凡事多持得過且過的態度,比較懶散。在對待他人方面,也喜歡保持相對中立的立場。

十、喜歡男性化隨身背包的女人

這種人比較堅強、吃苦耐勞,性格外向。

十一、喜歡把手提包當成購物袋的人

他們做事急於求成,很講效率,卻沒有一定的規則,很多時候適得其反。這類人性格多比較隨和親切,有耐性,滿足於自給自足。在他們的性格中感性的成分重,做事有些喜歡意氣用事。獨立能力比較強,不太習慣於依賴別人。

十二、隨身包是公文包的人

能從側面反映出包包主人的工作性質。他們可能是某個公家單位的職員或高層管理人員。選擇公文包可能是出於工作的一種需要,但在其中多少也能透露出一些個性特徵。這樣的人大多辦事較小心和謹慎,他們不一定非得要不苟言笑,即使是有說有笑的人也

會相當嚴厲。當然，他們對自己的要求往往更高。

十三、不習慣於攜帶隨身背包的人

要分兩種情況來分析其個性特徵：可能是因爲他們比較懶惰，覺得帶一個包是一種負擔，太麻煩了；還有一種可能是他們的自主意識比較強，希望獨立，而手提包會在無形當中造成一些障礙。這兩種情況有一個共同特點，就是都把隨身包當成是一種負擔，可以間接反映出這種人的責任心並不是特別的強，他們不希望對任何人任何事負責任。

▶ 從喜歡從事的
運動可以判斷男人

《男人像魚——如何才能把他們抓住》的作者、兩性關係專家斯蒂文的研究發現：

一、喜歡跑步、游泳等單人運動的男人喜歡獨處，並享受其中。

二、喜歡足球、籃球、棒球等團體項目的男人喜歡競爭——不管是在運動場上還是事業與生活中，喜歡隨時隨地與周圍的人一決雌雄。

三、那些根本不喜歡運動的男人喜歡獨立思考，敏感。

▶ 不同的人愛看的
電視節目也不同

　　《約會機密：享受樂趣的簡單方法——浮華與有意義的社會生活》一書的作者海達‧莫斯卡的研究發現：

　　一、<u>喜歡看電視劇的男人</u>喜歡用幽默來緩解壓力。這是件好事，因為他不會把工作上的壓力發洩到妳身上來，但是，他可能不善言談，要和他溝通會比較困難——妳越是想和他討論一些重要的事情，他越是推三阻四不知所云。

　　二、<u>喜歡看法制類節目、《X檔案》和新聞調查類節目的男人</u>有思想，邏輯性很強，他對自己解決問題的能力很自豪，樂於幫助你解決任何難題。

PART 2
以良好的形象打動別人

有經驗的公眾人物，總是善於運用恰當、獨特的體態動作來改善自己的形象。在日常生活中，我們會經常看到一些人，他只和你有過一面之交，但是他卻讓你對他難以忘懷，他的一舉一動，他的音容笑貌會深深地刻印在你的腦海中。那就是因為他具有鮮明的性格特點和良好的形象魅力。如果在禮貌、服飾、表情、姿態、禮節、談吐和精神等方面多留些心，多下些工夫，就能夠更好地塑造自身形象、增加個性魅力。

努力給對方留下 良好的第一印象

據說美國前總統甘迺迪具有「超凡的魅力」，不管說什麼，只要做幾個姿勢，就能把聽眾吸引住。他的身材並不算高，但他那精心設計過的姿勢卻總是能喚起一種形象高大的印象。肯尼迪的魅力可以說是體態的魅力，風度的魅力，氣質的魅力。這種優美的體態風度能幫助談話者建立良好的「第一印象」，使其形象符合對方的期待，一開始就從感覺上、心理上溝通了與對方交流的渠道。

一般來說，在與人初次見面的場合下，一個人的第一印象是非常關鍵的，無論是別人對你或是你對別人都一樣。如果別人對你的第一印象不好的話，在以後的溝通中要改變別人對你的看法就非常困難了，往往要付出更多的努力。

「第一印象」是我們在溝通中應努力克服的一個誤區，但是幾乎所有的人都不能完全做到這一點。其

實這也是符合人們的心理常規的，因為人們對某一事物或個人在第一次見面時留下的印象往往最為深刻，比如，對於同一個人，不同的人對他可能有完全相反的評價，其原因就是人們第一次見到他時看到了他所表現出來的不同側面，並在心中形成了一種心理定式，以至於在以後的交往中都會根據這一形象去觀察他、判斷他。

要給人留下良好的第一印象，首先應該有恰當的衣著。俗話說：「佛要金裝，人要衣裝。」一個人的衣著可以反映他豐富的內心世界、知識、修養、審美情趣等。不恰當的衣著，會引起人們的反感，給人留下不好的第一印象。比如，一位教師如果以「西部牛仔」或「伴舞女郎」的打扮走上講台，將很難受到學生的尊敬。

愛美之心，人皆有之，美觀得體的衣著，往往首先給人以悅目的感受，讓人產生想與他繼續交往的願望。「先敬羅衣後敬人」，這一古語雖說從道德上講有所欠缺，但它畢竟是一個我們無法改變的社會觀念。其實這也是情有可原的，因為對方要瞭解你的「內在美」還要經過一段時間，而表現一個人個性的衣著卻讓人一目瞭然，留下一個直觀的印象。

當然，要注意衣著，並不是說一定要穿上華貴的衣服，關鍵是要整潔大方，能表現人的內在素質。比如，鞋擦過了沒有、襯衫的扣子扣好了沒有、鬍鬚剃了沒有等。這都是一些很小的細節問題，但正是這些「細枝末節」，往往能給人留下一個良好的印象。

確定約會時避免給人
留下一種很隨便的印象

　　因商洽與人碰面時，有時會在分手前約好下次的約會。此時，雖然有很多人會以口頭輕率承諾：「那麼，就暫定在下週一吧！」然而這種約定方式，有些人會略感不安。

　　無論是哪一種約會，爲了完全確認時間，最好能刻意在對方面前打開筆記本，記載下來，縱使你對自己的記憶力充滿自信。這無疑是讓對方感到安心的一種方法。它的用意不是爲了自己，而是爲了對方。

　　如果只以口頭應允約會時間，對方有可能會覺得：「該不會轉眼就忘了吧！」，或者「會不會隨便就取消約定呢？」並且認爲倘若不在約會前一天再確認一次，勢必無法安心。透過口頭約定的約會，其實和「有空一塊吃便飯」一樣，有時給人一種很隨便的印象。倘若是稍具重要性的約定，必將讓人感覺十分輕率。

　　如果你以草率的方式約定約會，對方有可能會感

覺他和你的關係受到草率待遇。他或許認為一旦你必須會見更重要的人物時，你和他的約定說不定會遭取消。

　　為了不讓對方產生這種感覺，約會時間務必隨即記入筆記本內。如果能用心做到此點，那場約會自然會傳遞出對你而言十分重要的訊息。因為你不但會記得它，更不會輕率變更或取消它。

　　由於看見你記在筆記本上，對方不但可以放心，也可能會採取同樣方式，所以你們彼此都不會忘記約定。而且，由於對方會感覺你「是一個重視與我約會的人」，因此對你的信賴感也隨之上升。

　　除了約會時間之外，凡與對方有關的資料，最好都能當著對方眼前載入筆記本中。這種記載不完全是為了記憶，更重要的是表達出一種尊重。

正確地運用握手的
禮儀以強化自我形象

握手是大多數國家相互見面和離別時的禮節。此外，它還含有感謝、慰問、祝賀或相互鼓勵的表示。

握手的標準方式是行至距握手對象1米處，雙腿立正，上身略向前傾，伸出右手，四指併攏，拇指張開與對方相握，握手時用力適度，上下稍晃動三四次，隨即鬆開手，恢復原狀。與人握手，神態要專注、熱情、友好、自然，面含笑容，目視對方雙眼，同時向對方問候。

握手作為一種禮節，還應掌握四個要素。

一、握手力度

握手時為了表示熱情友好，應當稍許用力，但以不握痛對方的手為限度。在一般情況下，握手不必用力，握一下即可。男子與女子握手不能握得太緊，西方人往往只握一下婦女的手指部分，但老朋友可以例外。

二、先後順序

握手的先後順序為：男女之間，男方要等女方先伸手後才能握手，如女方不伸手，無握手之意，方可用點頭或鞠躬致意；賓主之間，主人應向客人先伸手，以示歡迎；長幼之間，年幼的要等年長的先伸手；上下級之間，下級要等上級先伸手，以示尊重。多人同時握手切忌交叉，要等別人握完後再伸手。握手時精神要集中，雙目注視對方，微笑致意，握手時不要看著第三者，更不能東張西望，這都是不尊重對方的表現。軍人戴軍帽與對方握手時，應先行舉手禮，然後再握手。

三、握手時間

握手時間的長短可根據握手雙方親密程度靈活掌握。初次見面者，一般應控制在3秒鐘以內，切忌握住異性的手久久不鬆開。即使握同性的手，時間也不宜過長，以免對方欲罷不能。但時間過短，會被人認為傲慢冷淡，敷衍了事。

四、握手禁忌

不要在握手時戴著手套或戴著墨鏡，另一隻手也不能放在口袋裡。只有女士在社交場合可以戴著薄紗手套與人握手。握手時不宜發長篇大論，點頭哈腰，

過分客套，這只會讓對方不自在，不舒服。與基督教徒交往時，要避免交叉握手。這種形狀類似十字架，在基督教信徒眼中，被視爲不吉利。與阿拉伯人、印度人打交道，切忌用左手與他人握手，因爲他們認爲左手是不潔的。除長者或女士，坐著與人握手是不禮貌的，只要有可能，都要起身站立。

正確地運用握手的禮儀，對自我形象的塑造是非常重要的。甚至有學者指出：「和說一百句話相比，用力握手一次，更能一口氣拉近彼此的親密關係。」因此我們看到，國外的許多政治家在選舉期間會大量外出與選民握手。比起聆聽冗長尋常的演說，選民通常會將自己的一票投給和自己握過手的候選人。

這種經由肢體傳達的溝通方式，比起利用語言的溝通方式更具影響力。

握手時，記住稍微用力握住對方的手。事實上，外國人握手時大都非常用力，而我們許多人與人握手時大都只是輕輕一握。儘管握手作爲一種禮節的效果十分顯著，但如果只用手指輕輕一握，反而會產生反效果，對方會因此而認爲你輕視他。美國人就普遍認爲，握手時力道薄弱的人不可信賴。即便是演員明星們，凡受過指導者或經紀人嚴格訓練者，必定懂得用

力握手的道理。在握手時雙眼看著對方，在彼此視線交合瞬間用力握手，這比單純的索取簽名、名片，更能給對方留下深刻的印象。

　　與其低頭行個禮後就走了，不如和對方握個手才離去。有些人最初會感到害羞、不自在，但只要將握手當成一種習慣，便很容易形成自己行事待人的風格。

▶ 接過名片時在
對方面前唸一遍

　　所謂人際關係寬廣的人,他們在將別人所贈名片放入口袋前花費的時間一定比較長。單就此點,即可明白一位銷售員的專業化或外行。一流的銷售員絕對不會立即將名片放入口袋裡,倘若正好坐著,便將名片放在桌上,即使是在宴會之類的站立狀態下,也必定會暫時握著名片繼續交談。

　　如果換作自己的立場來著想,應該不難明白自己遞出的名片隨即被收入口袋時,自己將感到何等寂寞。尤其是四五個人同時遞出名片時,在放入口袋的瞬間,「哎呀,已經弄不清楚誰是誰,全部混在一塊了」,你一定會如此想到。換言之,這種行為會讓你覺得對方表現出無意認識你的態度。

　　對於銷售員而言,名片交換最重要的便是這一點。一旦名片的處理方式草率隨便時,一個人的工作態度也會被認為敷衍馬虎。反之,比方說同時收到五個人

的名片後，將名片按在座五人順序逐一列出的人，會
讓人感到他正在努力認識每一個人，或許事後仍有忘
記的可能，然而，至少在那一剎那間拚命記取是非常
重要的。

　　有許多人一心想擴充人際關係，並且在與人邂逅
時，不知不覺地也希望對方將自己牢記下來。雖然思
索著該如何表現自己，讓對方留下深刻印象，但這往
往是一廂情願。起碼，你應該先記住邂逅對象的背景。

　　人們對於自己一直被他人記得總會覺得十分欣喜，
而且會因此而希望去認識牢記自己的人，所以如果希
望自己被人記下來，就應該想想如何才能牢記住他人
的背景。

　　記住對方背景的重要材料之一正是名片。名片上
載滿有關對方的資料，除了姓名、公司名稱、部門名
稱之外，有時連目前進行中的活動也印在名片上。然
而，大多數的人對於這種資料完全不加過目，雖然遇
上特殊的姓名或難念的字時，會詢問對方：「這個字
該怎麼念呢？」但通常大都連讀也不讀就收入口袋，
這是萬萬不應該的，因為它形同自願放棄記取對方背
景的特殊機會。

　　接獲名片時，首先應該慢慢地將它讀過一遍。公

司所在地、部門、職銜等，對方期待你對他的背景提
出各種問題。這一類的話題最好是在剛開始端詳名片
時進行。不然稍後在交談中突然說出，「對了，你的
辦公地點在哪兒呢？」此時若再將已納入口袋的名片
取出，則已成爲失禮的舉動。

如何運用好自己
的眼睛和眼神

　　交際首先要認識世界，要展現自己。從認識世界的角度說，眼睛是最重要的感受器官。世界，包括交際對象，都是透過眼睛進入人的認識領域的。從展現自己的角度說，眼睛是心靈的窗戶，從眼睛裡別人可以認識真實的你。可見眼睛對於交際是至關重要的。

　　眼睛的交際意義不僅如此，它在克服交際障礙，有效地交際，樹立良好的形象方面，更有著獨到意義。可以說交際要從眼睛開始。

一、克服交際自卑心理

　　人在交際中或多或少都會存在自卑心理，這是人在社會和世界面前的渺小感、茫然感造成的，在初涉社會的青年人和脆弱的人身上，表現得尤為明顯。有心理學家指出：差不多所有的交際障礙都與自卑心理有關，反之，自卑心理會造成許多的交際障礙，影響正常交往。克服自卑心理方式很多，也各有效果，但

透過改造眼睛，不失為一種最直接、有效、簡便的方式。比如，自卑的人很怯懦，眼瞼低垂，不敢看人，眼神躲躲閃閃不敢直視別人。如果注意修正自己的眼睛和眼神，抬起眼瞼，平視世界，正視別人，就會發現別人也是常人，世界不過如此，沒什麼好懼怕的，從而樹立勇氣和信心。當然眼睛是標，心理才是本，但透過改造眼睛的方式，可有效地改變心理面貌，從而更加堅定眼睛方式，可徹底克服交際自卑心理，給自己的交際帶來流暢的局面。

二、展現交際的熱情態度

交往時充滿熱情，人際間才會具有吸附力和感召力。但這種熱情內熱外冷，別人會無法感受或體會不深，必須把深沉熾熱的熱情有效地表現出來。這種表現，眼睛是最有效的途徑。比如，對別人要採用正視、主動的眼神，而不能採取迴避、逃避的態度，目光宜柔和、溫情，而不能生硬、冷漠。這樣看來，那些諸如目中無人，連同事也視同路人；從眼角或眼縫中看人，表現出一種挑釁的態度；對人漠然相對、目無表情一類的眼睛方式，都是要加以修正的。否則你即使為人友善、熱情，你的眼睛也會給人另外一種印象。需要強調的是：眼睛無風格。只有熱情大方的眼神，

才是最有魅力的。

三、作為傳情達意的獨特手段

交際主要靠語言來實現，語言是最重要的交際工具，但交際不完全依靠語言，還需要體態、眼神、表情等輔助手段。而它們的交際效果往往是獨到的，有此處無聲勝有聲的效果。國外實驗統計表明：人際交往中，非語言因素占訊息傳遞量的65%～93%，而在這之中，眼睛所傳達的訊息量又是最為豐富的。更為重要的是：眼睛能傳達出語言所不能或不便表現的訊息。比如，戀人間的眉目傳情；在複雜場合下用眼睛交換意見；表示對某問題的態度、立場，不便用語言表示而用暗淡眼神或熱烈眼神加以表達。無疑善於運用眼神傳情達意，將使你的交際如虎添翼。

四、塑造良好的交際形象

一個人的眼睛能反映出一個人，一個人是什麼樣的，其眼神便也會是什麼樣的。賈寶玉天真活潑，他的眼睛是「眉如墨畫，鼻如懸膽，睛如秋波，雖怒時而似笑，即瞋視而有情」。從「兩彎似蹙非蹙籠煙眉，一雙似喜非喜含情目」中，就可領會到林黛玉那多愁善感的性格特徵。一個人是充滿正氣，還是齷齪卑劣，是熱情真誠，還是冷漠世故，是意志堅韌，還是懦弱

膽怯，是大度坦蕩，還是猥瑣狹隘，他的眼睛就是一面鏡子，把一切都折射得清清楚楚。透過規範和改造自己的眼睛，一則可以改造自己的品行、修養，二則可以給人良好的形象感受。對於交際來說，一個人的修養和形象是根本性問題，可帶來交際局面的全面改觀。

▶面試時如何在考官 面前樹立良好的形象

　　面試在招聘中的作用已越來越重要，幾乎每一個稍微好一點的工作都要經過面試才可能獲得。

　　實際上，面試也是供需雙方心理上的較量。作為應聘者來說，瞭解對方的心理特徵，做到「明明白白他的心」，就能變被動為主動。因此，適當學習些心理學，掌握面試考官的基本心理特徵，有準備、有針對性地參加面試，對提高應聘的成功率是大有好處的。

一、極力塑造美好的最初印象

　　國外有學者研究後得出結論，至少有85%的考官在面試真正開始前，已根據應聘者的應聘資料對其產生了最初的印象。最初印象對面試的過程和結果有著十分重要的作用。根據心理學的原理，如你給人留下的最初印象不好，那麼要改變這種印象將是很困難的，這就是負面加重傾向的作用。瞭解了考官的這一心理特徵，我們就應當認真準備自己的應聘資料，盡可能

讓自己的缺點和不足被優點和特長所掩蓋。當然更不要因為自己的穿著打扮、面試開始時的一舉一動而給考官留下糟糕的印象。

二、沿著考官的暗示往前走

不可忽視的是，不僅應聘者有壓力，考官也面臨完成招聘任務的壓力（人們常說的「僱傭壓力」）。考官的僱傭壓力對應聘者來說是個機會。有人曾做過實驗：將人力資源經理分成兩組，告訴其中的一組，他們離完成招聘任務的指標還相差很遠；而對另一組的人說，他們已快完成招聘任務了。結果，被告之離招聘任務相差甚遠的那組，對應聘者面試的評價，要遠高於另外一組。

當然，應聘者較難知道考官的僱傭壓力，但是，在面試中，考官可能無意識地流露出這種情緒。由於急於完成某單位的招聘任務，考官可能無意識地用暗示來表現這種情緒，甚至主動引導應聘者正確回答問題。比如，他們會說：「在外語上，你應該沒有什麼問題吧！」「根據你的經歷，對某技術問題可能不成問題吧！」等。在大部分情況下，暗示不會這麼赤裸裸，而是會有點隱晦，比如，考官認為你的回答是正確時，他會面露微笑，或輕輕地點頭。不失時機地把

握考官的僱用壓力，及時地接住暗示，並沿著這條路走下去，你就可能達到目的。

三、讓考官覺得賞心悅目

這裡所說的賞心悅目不僅是指應聘者的穿著打扮，而更強調的是求職者在應聘時的眼睛、面部表情。有研究表明，那些善於用眼睛、面部表情，甚至簡單的小動作來表現自己情緒的應聘者的成功率，遠高於那些目不斜視、笑不露齒的人。有一項對52名人力資源專家進行的實驗：讓這些專家透過觀看以前進行過的面試錄影片決定請誰來參加第二輪面試。

這些專家被分成兩組，一組觀看的是一個有許多眼睛交流、顯得精力旺盛的應聘者的錄像，結果，26個專家中有23人邀請這個應聘者再次參加面試；另一組專家觀看的是一個很少有眼睛交流動作，表現得沒有多少活力的應聘者的影像，結果，26個專家中沒有一個人請他來參加下一輪面試。

利用一些「小動作」來幫助自己完善人際關係

在職場中，雖然你工作很努力，卻有可能得不到上司的認可；雖然你準備了一份詳盡的資料，卻仍不能在這場談判中勝出；雖然你想與周圍的同事建立良好的溝通，卻又惱火於他們過火的玩笑……你感到沮喪，甚至開始懷疑自己的工作能力。

然而，事實上，問題並不是出在你的工作能力上，而在於你是否有良好的人際關係。聰明的人，會善於利用一些「小動作」來幫助自己完善人際關係，使自己的優雅氣質隨時表現在一舉手、一投足，乃至一顰一笑之間。

一、把笑表現在臉上

國外曾有一句處世格言：「一個人的微笑價值百萬美元。」這話一點也不誇張，它足以說明一張笑臉對人際交往、對個人事業來說有多麼重要。面對不同的場合、不同的情況，如果能用微笑來對待他人，可

以反映出本人高超的修養和待人的至誠，非常容易被別人接受。

面帶微笑的人，總是在向同事傳遞著這樣一種訊息：我很欣賞你，我信任你，我願意成為你的朋友，我們會合作得十分愉快。

現在，無論工作有多重、多煩瑣，也不要忘記把笑表現在臉上，保持一副親切的笑容。

二、運用聲音魅力

動聽的聲音在愉悅聽覺的同時，也為說話的人增添了幾分吸引力。同樣一句話，聲音高亢或低沉、語調升降都會影響到表達，給人以不同的感受和評價。有些女性說話時喜歡把聲音提得很高，尖尖的、軟軟的，她們可能自以為很有魅力，其實給人的感覺是很做作。真正有魅力的聲音是低沉的，就像一位美國著名語言專家所要求的那樣，把聲音降低、再降低，結果他們發現，原來自己的聲音越低就會越好聽，越顯得有修養、吸引人。

在穿著打扮方面特別需要費心思

　　在職場，除了工作，千萬不可忽視了為人處世的細節，其中穿著打扮是特別需要花費心思的一個方面。為了樹立良好的職業形象，如下一些穿著要領不可不知。

一、初來報到，衣不刺眼

　　初到一家新公司就穿得招蜂引蝶，只能讓同事對你質疑，像什麼來頭？你的性格是不是也這樣囂張？你是否不專注於工作而別有用心？這樣一來，即使你品性溫順單純，那些不夠瞭解你的同事仍然要排斥你，連主管都會有被威脅的感覺，很難打開局面。

　　你應該用溫和不刺激的方法，使他人漸漸感覺到你的與眾不同，而不是穿得劍拔弩張，一眼就讓人看穿你喜歡表現、愛出風頭。

　　你穿衣的檔次可以與同階級的同事類似，卻永遠比他們更有品味。如果女同事裡沒有人穿套裝，你可

以穿那種剪裁合體、顏色柔和的套裝；如果素色套裝是你們的工作服，你可以選擇色彩奪目的襯衫當裝飾，或者以艷麗的絲巾提色。這些都是讓你從眾人中彰顯個性的方法。

二、只效法頂頭上司的衣著

職場上，在尋找心目中理想的穿著模範時，不能好高騖遠，永遠只為目標裡的下一個職位作準備，而不是下下個，甚至三級跳。如果你已經是副總，傚法總經理的穿著當然無可厚非；若你不是個基層主管，天天上班身著名牌套裝、佩戴昂貴的首飾，比總經理還有氣派，不等總經理開口，你的頂頭上司就會請你走人了。

三、用服裝暗示你在改變

小李是某公司的模範銷售主任，每月的銷售額都獨佔鰲頭。而銷售經理的職位雖然空缺，卻一直落不到他的頭上，因為他一向以桀驁不馴著稱：不按時上班、下班，說話舉止肆無忌憚，這讓大家不由得懷疑他是否有能力率領團隊作戰。小李為了贏得經理的頭銜，開始在外型上做文章。褪去長年不變的牛仔褲，拉直了蓬鬆的粟米頭，換上那種樣式最經典的西裝，頭髮也打理得整齊帥氣。這身中規中矩的衣服，真的

產生了奇妙的效果。

當你要改變在辦公室裡的地位，或者希望換工作，甚至想和男朋友分手的時候，都可以以著裝來打前陣，以外表的變化帶動內心的變化。

四、社會新人重在衣著包裝

無論你來自哪個領域、擁有什麼樣的學歷，步入社會正是你大展身手的時候。充實的內在固然非常重要，然而你更需要一個明確而專業的個人形象助你一臂之力，讓你在成千成百條件相當優秀的競爭者中脫穎而出。

身為一位新進人員，當務之急便是要融入公司的文化。所以，請觀察上司和同事的穿著習慣；同時，為了給人專業感，最好穿著西裝外套。別為了怕老氣而堅持學生時代的清純造型，看起來永遠中學生的你，很難叫人托付重任。尤其初進公司的頭三個月是關鍵時期，每個人都在觀察你，期待你的表現，這時若被人錯誤地定了型，將來想翻身可不容易。

至於天天都花枝招展地來上班也是不及格的裝扮，因為上班並不是在選美，妳應該讓自己每天都神采奕奕、容光煥發，一副隨時準備好衝刺的模樣。同時，一些傳統禮貌要注意：像穿絲補救、薄施脂粉等，老

闆真的很在意。

最後，再給職場新人提一些非常實用的穿著建議：

➡睡前先把第二天的上班服準備好，每天從從容容、光鮮亮麗地進辦公室。

➡前面幾個月的薪水，除了吃飯付房租之外，應該用來買上班穿著行頭，這是事業上的基本投資。

➡如果昂貴的套裝不在預算之列，不要緊，一件價廉物美的套裝，經過謹慎挑選適合自己的款式與顏色、保持乾淨平整，比買昂貴的名牌貨卻不好好保養，穿得皺巴巴要明智得多。

➡穿絲襪、記得薄施脂粉、並擦上顏色自然的指甲油。這些小地方都暗示了對自我的悉心照護。

▶ 在關鍵時刻為自己
壯膽，不畏恐嚇

在生活中，如果你不夠自信，在與人交往的過程中往往就會處於下風，容易吃虧。為了避免這種不利局面，就要在學會為自己壯膽的同時，有效地「恐嚇」對方。

恐嚇的前提之一便是氣勢洶洶的樣子要裝得有模有樣。只有對方產生了怯意，才能將對方唬住。一個膽小自卑的人無法使用恐嚇，弄不好還會害了自己。以小充大，以弱充強，說到底是勇氣的較量，意志的搏鬥。

下面介紹一些壯膽的辦法，以便在關鍵時刻不畏恐嚇或敢於恐嚇對方：

一、在膽怯或自卑時，找出對手的弱點，先在心裡將對手打倒是一種方法。

在感到對方的威嚇時，就去找出對方可笑的地方，當你想著他的可笑時，壓迫感、膽怯就會全都消失了。

假如在你目所能及的範圍內挑不出對手的毛病，那就想像一下他在其他場合的卑微，這樣也會把對方從權威或力量的寶座上硬拉下來。比如，分公司裡為所欲為的董事長，到了總公司的董事會上，可能只是小角色罷了；他回到家裡，也可能是一個在太太面前抬不起頭來的妻管嚴先生；在娛樂場合，又可能只是一個被孩子欺負而無還手之力的父親。

假如只看見對手的優點，往往容易高估對手，而產生難以應付的意識，可是只要想到對方和你一樣，不過是一個普通人而已，再想像一下，他的卑微與毛病，你就不會再膽怯或自卑了。

二、盡可能大聲說話，武裝自己的心理，製造壓倒對方的氣勢。

宏大而響亮的聲音，可以給對手有信心的印象，自己也能借此產生堅強的信心，進而獲得意料不到的效果。在辯論或爭吵中，有人會不由自主地提高自己的嗓音，以期蓋過對手，這就是對「嗓音可以增強信心」的本能利用。

中國古代戰場上雙方對壘時，都會擂起戰鼓，聲音越高，士氣就越旺盛，士兵鬥志越強。魯國與齊國打仗，就先讓齊國擂鼓，開始時，鼓聲驚天動地，齊

軍士氣高昂。魯軍按兵不動。漸漸地，齊軍戰鼓聲越來越小，士氣也就漸漸低落下去。這時，魯軍猛擂戰鼓，一鼓作氣，將齊軍打敗。小男孩夜裡走過墓地時，愉快而大聲地吹口哨，也爲的是壯膽，通常他就這樣克服了行經墓地的恐懼，因爲他「吹起了」自己的勇氣。

你的聲音就是你天生的武器，只要你表現出勇氣十足，你的勇氣就來了。表現勇敢則勇氣來，往後退縮則恐懼來。

三、用你的眼睛盯視對方眼手等某一身體部位，給對方以壓迫感

比如，戀愛中的一對情侶鬧彆扭時，爲了證明自己觀點的正確，用言語已無法奏效時，明智的人就會改用雙眼集中於他的手或眼睛，讓自己的惱怒和要求透過這種注視傳導給對方，「此時無聲勝有聲」。這樣可以給對方一種心理上的壓迫感，並可避免語言衝突時雙方不冷靜，易衝動的心理狀態。

其實，在任何競爭中，這種「一點突破」的戰術是頗爲有效的。所謂「一點突破」就是聚集一切力量，朝向對手最弱的部位猛力攻擊。

比如，在對話中，你的眼睛不妨直視對方身體的

某一部位。這樣不但不會受到對方製造出來的壓迫感的威脅，而且，還能令對方不得不轉移注意力於被盯視的那一個部位。換句話說，你的視線不僅可使對方的態度失去平衡，並能分散對方的注意力。此外，你也能造成一種迫使對方心慌意亂的局面，借此達到處境轉化的效果。

四、相持中，身體要擺好架勢，震懾對手

體育比賽中，運動員有時為了增強戰勝對手的信心，會有意識地昂首挺胸，做出不畏一切的樣子。談判中，這也能產生震懾對手的效果。

五、佔據背光位置，可產生威懾效果

站在反光線的位置上，不但可給予對方有目眩的物理效果，同時也能產生各種不同的心理影響。首先，在現場上站立的形象，正如同攝影一樣，讓對方無法認清自己的表情。相反的，對方的形象卻被陽光照遍了各個角落，因而暴露了身體的每一部分，僅憑這一點，就會使勁敵惶恐不安了。何況，置光於後的形象，也能與光融合為一體。使對方對自己產生比實物更大的印象，由於這種後光照射的狀態，方能使自己在精神上壓倒對方。

只要考慮到這種原理，那麼，即使自己不站在受

光的位置上，也不要站在感受不到光線的暗處。這樣，
在對方似乎更為強大時，利用光線的效果，就能從心
理上戰勝對方，確保優越的地位。

得體地展示出
自信者的姿態

一個人是否自信，從姿態上往往暴露無遺。一個有相當成就且知道自己目標的人，在他身上常可感覺到自豪、朝氣蓬勃的生活態度。這種人往往腰桿挺得很直，表明其自信心很強。或許這就是專家常勸年輕人要站直的理由。具體地說，表達自信的姿態主要包括：

一、指尖架在一起

這種姿態就是將雙手的指尖架在一起，形成「教堂塔尖」的樣子，明確地表達自信。這也是表達沾沾自喜、有權威、自負或自豪的姿態。

自信的人與人交談時很愛擺出這種姿態，它明確顯示出一個人對自己所說的話很有把握。一個著名領袖對他的傳記作者或專欄作家解釋一個結論，或講述一個問題時，常常做出雙手指尖架在一起的姿態，表明對他自己所說的絕對自信的態度。

婦女通常採用指尖架得較低的姿態。她們坐的時候，習慣把手放在大腿上。站立時，指尖則輕輕碰在一起，其高度約與腰帶相同。

傳教士、律師和學者常做這種姿態，商業主管人員也是。我們的研究資料顯示，商業主管人員越覺得自己重要，手就越放得高，有時與眼睛同高，從手指縫看人。在上司與下屬的關係中，這是很常見的姿態。

有的談判人員，每當處於劣勢，就故意做出指尖架在一起的姿態。每當做出這種姿態，對手就以為這個人有什麼扭轉乾坤的高招，以為他知道的比說出來的要多得多。對手為此也許會很快改變策略。打牌的人，也會常見這種姿態。當然，你必須肯定對方真的存心用使人誤解的符號來欺騙你。因此，勸你注意對方的其他姿態是否和諧一致，在接受任何單一姿態的意義之前，分析前後的姿態。

另外，指尖架在一起的姿態，手貼得較緊，和其他指尖加固一起的姿態一樣，通常也表示自信。

二、雙手背在身後

在英國特拉法加廣場的警察巡邏時，在德國海關關員搜查行李時，或在日本的商業主管對部下說明市場計劃對公司的重要性時，都可以看到這種姿態。很

多軍人記得他們第一眼看見長官晃到隊伍前面時的情形，雙手背在後面、下巴向前突出，標準墨索里尼式姿態，走路時可能身體還前後搖擺。無疑，新兵的心裡一定認爲他掌握整個形勢。

在生活中，經常看到做出這個姿態的人，他可能就是某個公司的老闆。觀察一下你的老闆，是否常做這種姿態。這種姿態的文字說明可能是：「我知道你們當中有幾位能人，但我是你們的老闆，這裡我說了算。」

別以爲這只是男性的權威姿態。一位作家發現，倫敦的一位女警官，在執勤巡邏時，也是這種姿態。還有些風騷的女郎有意無意地瞄你一眼，低下頭，雙手背在後面，擺放的部位較高，使胸部更爲突出。這可不是權威姿態，但卻表達了自信，以及良好的自我感覺。

三、不要把一條腿擱在椅子扶手上

談判開始，你見到有人做出這種姿勢時，會以爲這麼舒服的姿勢是表現很好的合作精神。然而，很快你就會發現，儘管他好像很輕鬆，臉上還不時浮現出笑容，但其實他並不考慮別人的需要，甚至反對別人的意見，這種姿態表現了一種不合作的態度，並顯示

出優越感。

這種姿態與前邊講的腳架在桌上的姿態類似，但在上司與屬下之間，上司常以這種姿態示人。空中小姐則認為，採取這種姿勢的男性旅客難侍候。在買賣交易中，買方在他的辦公室裡會採取這種姿勢，表示在他的地盤上進行交易，要聽他的。許多大老闆，在此時愛用這種姿勢，以表示高出對手一等。

這樣的姿態不美，而且實在是表明自信過了頭。

四、挑前面的位子坐

無論在教堂或教室的各種聚會中，後面的座位總是先被坐滿的。大部分佔據後排座位的人，都希望自己不會太顯眼，而他怕受人注目的原因就是缺乏信心。但要記住，有關成功的一切都是顯眼的。

五、練習正視別人

不正視別人通常意味著：在你旁邊我感到很自卑；我感到不如你；我怕你。正視別人等於告訴他：我很誠實，而且光明正大。我相信我告訴你的話是真的，毫不心虛。要讓你的眼睛為你工作，就是要讓你的眼神專注別人，這不但能給你信心，也能為你贏得別人的信任。

六、把你走路的速度加快25%

　　心理學家告訴我們，藉著改變姿勢與速度，可以改變心理狀態。你若仔細觀察就會發現，身體的動作是心靈活動的結果。那些遭受打擊、被排斥的人，走路都拖拖拉拉，完全沒有自信心。普通人有普通人走路的模樣，做出我並不怎麼以自己爲榮的表白。

　　另一種人則表現出超凡的信心，走起路來比一般人快，像用跑的。他們的步伐告訴整個世界：我要到一個重要的地方，去做很重要的事情，更重要的是，我會在15分鐘內成功。使用這種走快25%的技術，抬頭挺胸走快一點，你就會感到自信心在增長。

　　七、練習當眾發言

　　不論是參加什麼性質的會議，每次都要主動發言，也許是評論，也許是建議或提問題，都不要有例外。而且，不要最後才發言。要做破冰船，第一個打破沉默。也不要擔心你會顯得很愚蠢，不會的，因爲總會有人同意你的見解。所以不要再對自己說：我懷疑我是否敢說出來。用心獲得會議主持的注意，好讓你有機會發言。

　　八、咧嘴大笑

　　真正的笑不但能治癒自己的不良情緒，還能馬上化解別人的敵對情緒。如果你真誠地向一個人展顏微

笑，他實在無法再對你生氣。咧嘴大笑，你會覺得美好的日子又來了。但是要笑得大，要露齒大笑才能見功效。我們常聽到：「是的，但是當我害怕或憤怒時，就是不想笑。」當然，這時任何人都笑不出來，竅門就在於你強迫自己說：「我要開始笑了！」然後，放聲大笑。要學會運用控制笑的能力展示自信，控制自己的生活。

少女要表現得
優雅，令人賞心悅目

　　少女的肢體語言和少女的生活、心理素質息息相關，它能一覽無遺地反映少女的情緒。如考試在即，學習緊張，上學放學，一路小跑，上半身不由自主地呈向前傾的姿勢；心情頹廢的少女，低垂著頭，眼神暗淡，走路拖著腳後跟，行動遲鈍；膽怯的少女，眼光畏縮，說話囁嚅，行動躲閃；爽朗的少女，嗓門大，手勢也大，行動果斷；內心不平靜的少女，神色緊張，出現搔頭、咬唇、扭手等一些不自覺的小動作……

　　少女的這些形體語言，自覺或不自覺地向他人傳遞著訊息，有些給人舒適、愉快的感覺，有些卻在不自覺中給人印象不好，甚至得罪了別人。因此，少女們如何運用自己的形體語言，向社會傳達優雅的、令人賞心悅目的形體訊息，是一門重要的、專門的學問。

一、頭部語言

　　喜歡搔弄頭髮的少女，一定是發現了涉及自己的

事情，表現得特別敏感。在人前拉耳朵的少女，多表示不想聽對方講話。而說話或大笑時常常用手掩住自己的嘴巴的少女，是有意要吸引對方。臉紅是怯生和不善社交的少女的共同特點，在知錯知恥的情況下會臉紅，在出現有關性愛問題的場合會臉紅。一般來說，臉紅基本上是少女顯示童貞的顏色信號。而使用化妝品描眉毛、塗眼影、擦口紅，是為了表現少女的溫柔和嫵媚，增添少女的魅力。蓄一頭長長的散髮擺來擺去，也產生同樣的效果。

二、胸部語言

背脊挺直，橫膈膜往上提，肩放平，腹部收縮，胸部前挺是少女們從容、自信、大方、穩重、健康、優雅的姿態。胸部劇烈起伏、呼吸急促，是少女受到強烈刺激、情緒激動的表現。與人說話時，胸部正面向對方表示尊重和重視對方；若胸部向對方傾斜，表示與對方親近，認為對方具有吸引力；若側向或背向對方，表示不重視對方，甚至是一種傲慢無禮的表示。

三、手部語言

少女在指人、迎客或指物品時，應伸右手、掌心向上，使人有被尊重的良好感覺。反之，用食指指示，那會給人輕率、不懂禮貌、不被尊重的反感。把指甲

放在嘴中咬，或說話時不停地用手拍對方的胳膊是庸俗輕浮的行為。談話時兩手最好在自己腰腹前輕輕相握，能使對方感到輕鬆、舒適。若不自覺地抱著手臂和雙手叉腰地與人談話，容易使人有受壓迫及被抗拒的感覺。手勢過大或揮舞拳頭講話會給人粗暴的感覺。

四、腿部語言

站立時，雙腿挺直並立，是一種嚴肅的姿態；若一條腿直立，另一條腿微曲而收縮是一種放鬆、優雅的姿態；若叉開腿站著是生氣的姿態。坐著時，大大方方地交叉著雙腿，表示對對方的問題滿懷信心，雙腿併攏並適當收縮表示尊重對方；兩足靠得很緊或者交叉的幅度很小，顯示少女心懷不安；像男人一樣蹺著「二郎腿」是漫不經心的姿態，在正式公眾場合不宜出現；而叉開雙膝，或雙腿雙膝不停地抖動是一種不尊重人或輕傲的姿態。

五、服飾語言

少女穿著不同於社會習俗的服裝是一種懷有強烈優越感的表現。穿著尺寸很大的寬袍大裙或穿著袒胸露臂的短裙緊褲的少女是一些自我表現慾很強的女孩，這種服飾在嚴肅的場面不宜出現。服飾主色調為淺色的女孩顯示少女的熱情奔放，服飾主色調深色的女孩

顯示少女的端莊穩重。同是一個少女，酒吧間的服裝和課堂裡的學生裝就表達了兩種完全不同的語言。

　　總之，少女形體語言表達的原則是：一要靈巧均衡，行、止、坐、立，一舉一動，力求輕盈；二要端莊穩重，讓人感到安定、平和、舒適、愉快；三要向上揚升，給人青春洋溢、活力旺盛的感覺。

▶盡量避免那些
失禮的動作出現

　　在商務活動中，有一些不雅、缺乏禮儀的動作經常出現，這些動作會影響到交際雙方的關係，給人留下壞的印象，因此要盡量避免。這些缺乏禮儀的動作表現是：

一、總是摸後腦勺

　　當與人交談時，總覺得自己的雙手是多餘的，交談中下意識地總是搔一搔後腦勺，這是一種習慣動作。可是，對方卻認為你不夠成熟，缺乏社交經驗。

二、擺弄東西

　　有些人在交談或開會時，手中總想拿點什麼東西擺弄著，這種習慣很不好，是對對方不尊重的行為表現。還有些人講話時總喜歡拍打對方一下，這種輕浮的動作，多數人是很反感的。

三、抖動腿部

　　有些人坐著時，不管是參加多麼重要、嚴肅的會

議，兩腿總是不停地抖動，或者是一條腿壓在另一條腿上不停地抖動，特別是腳尖抖動得還有節奏，這會給對方留下很高傲、不好接近的感覺，同時它也是一種缺乏社會修養的行爲。

四、身體晃動

有些人講話時總喜歡越講越與對方靠近，有時甚至和對方身體靠上了，也有些人在交談時，對方一有不同意見時，就搖頭擺尾地亂晃，這會令對方感到你很不成熟。

五、當眾打哈欠

有些人在與對方交談或進行其他商務活動時，總是不合時宜地打上一兩個哈欠，也許是沒休息好，也許是別的原因，但別人會以爲這是你不耐煩的表現，從而爲你們交往設置了障礙。因此要盡量避免破壞你們關係的無聲語言。

六、當眾掏耳朵或挖鼻孔

有些人不管身在何處，也不管什麼場合，只要他看見什麼可以用，就會隨手取來掏耳朵或用手指挖鼻孔，尤其在餐室，大家正在飲茶、吃東西的時候做這些小動作，往往令旁觀者感到噁心。這些小動作實在不雅觀，而且失禮、失風度、失教養。

七、當眾剔牙

宴會席上，誰也免不了會有剔牙的小動作，雖然這個小動作不可避免，但也要注意禮儀。剔牙時不要露出牙齒，也不要把碎屑亂吐一番，這極為失禮。假如你需要剔牙，最好用左手掩住嘴，頭向側偏，吐出碎屑時用手巾接住，或躲在沒人處剔。

八、當眾撓頭皮

有些頭皮屑多的人，在社交場合也忍耐不住頭皮屑刺激的瘙癢，而撓起頭皮來。撓頭皮必然使頭皮屑隨風紛飛，這不僅難看，而且令旁人大感不快。

九、交談中總是頻頻看錶

這是告誡那些在交際中總是抬胳膊看錶的人，因為這樣的小動作會使交際中的另一方認為你還有比交談更重要的事情要做，從而不願意把談話繼續下去；同時，你的動作可能引起對方的誤會，以為你沒有耐心再聽下去，或你不喜歡與他交談，因而設置了不必要的障礙。如果你確實有要事在身的話，你不妨婉轉地告訴對方改日再談，並表示歉意，這才合乎禮儀規範。

PART 3
在職場準確地
　　觀察和判斷別人

每個職場中人都希望贏得上司的青睞和同事的好感，以贏得更多的機會。假若你覺得自己在某一個單位內工作一直不順心，那麼，十之八九是因為你根本不瞭解你那些朝夕相處的上司和同事們，更不懂得如何去與性格不同的人周旋和打交道。

一位哲人說：

「心盲比眼盲更可怕；無知，是最高的傲慢。」如果你在職場習慣於以個人的主觀或偏見來評斷別人，就容易處處碰壁，事事受挫。整天周旋於沒有硝煙卻似戰場的辦公室裡，努力去看穿上司的想法和同事的心思，是最基本的自我保護和自我發展之道。

▶ 日常人際關係
的八種距離

　　對方和你的關係如何，可以透過他與你保持的距離來判斷。根據美國人類學家埃特瓦特‧霍爾的觀察，人際關係可透過八種距離來斷定。

　　一、密切距離，接近型（0.15米）：爲了愛撫、格鬥、安慰、保護而保持的距離。

　　二、密切距離，較近型（0.15～0.45米）：伸手可觸的距離，是關係比較密切的同伴之間的距離；也是在擁擠的電車中人與人之間不即不離的距離。

　　三、個體距離，接近型（0.45～0.75米）：能夠擁抱或抓住對方的距離。對於對方的表情一目瞭然。夫妻處於這種位置是自然的。

　　四、個體距離，稍近型（0.75～1.20米）：這是雙方同時伸手才能觸及到的距離，這是對人有所要求時應有的一種距離。

　　五、社會距離，接近型（1.20～2.10米）：這是

超越身體能接觸的界限，是辦事時同事之間所處的一種距離。保持這種距離，使人具有一種高雅、莊嚴的氣質。

六、社會距離，遠離型（2.10～3.60米）：這是為了便於工作保持的距離，工作時既可以不受他人影響，又不給別人增添麻煩。

七、公眾距離，接近型（3.60～7.50米）：如果保持4米左右的距離，說明說話人與聽話人之間有許多問題或思想待解決與溝通。

八、公眾距離，遠離型（7.50米以上）：這是演講時採用的一種距離，彼此互不干擾。

如能將以上8種距離銘記在心，就能準確、順利地判斷出你與對方所處的關係與密切程度。

▶ 得體地應對不太 友善的面試官

面試是讓很多人最感到緊張和不知所措的場景之一。面試時，如果面試官態度友善，提問含有鼓勵和啟發性，應試者則較易從容應付；但若面試官態度具有攻擊性，或表現出輕視、鄙夷的神態，你該怎麼辦呢？下面介紹幾種常見的不太友善的面試官和應對策略。

一、帶有攻擊性的面試官

有些面試官故意在某一段時間內，用攻擊性的態度對待應試者，提出特別尖銳的問題，有意令應試者感到特別尷尬，借此考驗應試者的應變能力及面對不尋常情況時，表現是否得體、胸襟是否開闊等。

遇到這樣的情況，千萬不要以為面試官是在故意刁難自己，馬上「翻臉」，應保持風度和禮貌，就問題核心內容闡述自己的觀點。動怒不是明智之舉，哪怕你只是對其中的一個面試官發怒，也會令其他面試

官反感,錯失被錄用的良機。

二、面對彼此之間看似有矛盾的面試官

在一些小組面試時,其中有的面試官表現無禮,提出尖銳的問題故意為難你;而有的面試官「溫文儒雅」,甚至與前者「針鋒相對」,看似彼此矛盾,實則在「演戲」,只不過有的扮演「黑臉」,有的扮演「白臉」,意圖製造混亂,擾亂應試者的心態。

遇上這種情況,應試者一定要沉著冷靜,不能無禮,更不能焦躁不安。應站穩腳跟,以「不變應萬變」,根據自己的判斷,穩妥表達。

三、態度散漫的面試官

有時面試官會裝出一副漫不經心的樣子,好像對這次面試不太重視。特別是一些經驗豐富的主試者,時常採取自然發展式的面試方法,目的是看應試者是否易受別人干擾。

應試者千萬不要跳進這種常見的圈套中,以為自己可以一樣輕率、隨便地談天說地,而是應該以認真的態度回答那些看似無關緊要的問題。請記住:面試官都很忙,絕對不會拿你開玩笑!

四、過分輕鬆友善的面試官

面試時,一些面試官會故意表現得輕鬆、親切而

友善，旨在攻破應試者的心理底線，說許多潛意識的、甚至只有與「好朋友」在一起才說的東西。

這可能就是所謂的「笑裡藏刀」。注意，你只是應試者，應該保持謙虛有禮的態度，給面試者留下沉穩可靠的印象。

五、面試官臨場考查應試者的技能

一些面試官喜歡「攻其不備」，當場考試，測試應試者能否勝任某些職位。以推銷員面試為例，可能你剛坐下，面試官就會拿出他們的一個產品，讓你當場向他推銷。

對這種情況，面試者事先應有心理準備，對應聘企業的產品應有所瞭解，說起來「有理有據」；切忌「信口開河」，吹噓胡扯。否則，只會讓主試者對你的能力失去信心。

六、「謙虛」的面試官

這種考官一見到應聘者，便上前邊握手邊寒暄，讓應聘者為有如此好的開頭而輕鬆愉快，自信心油然而生，好像自己就是這裡真正的主人。

其實這是假象。他們表面看來易打交道，可是內心嚴謹，擁有卓越的洞察能力。但是，他們在表達方式上永遠讓你感到舒服貼心，他們多用贊同的方式和

你交談，用表揚來觀察你的反應。

面對這種類型的主考官，作為應聘者，必須保持高度的警覺，誠心誠意、老老實實地談出自己的想法。不要一味地去迎合他，也不要妄自尊大，以為自己很了不起。這類考官表面謙虛，內心卻被優越的地位所包裹，妄自尊大最令他反感。

七、死板的面試官

走進面試場，首先感到一股寒氣逼人。他坐在那裡，對你的出現沒有任何反應，好像在想別的心事。你縮手縮腳，不知該如何打招呼；就算你很客氣地和他打招呼、搭訕，他也不會作出你所預想的反應來。他通常不會注意你在說些什麼，甚至你會懷疑他聽進去了沒有。

遇到這樣的考官，再高明的社交能手也會感到不好對付；一般新手更不知如何是好，唯恐自己發揮不佳。

實際上這類考官性格內向，比較固執，堅持原則，他對人的考察方式也是一板一眼，絕不做浪漫的遐想；他對人的理解是純概念的，所以他頭腦裡的條理也是死板的。他面試工作的經驗全部來自書本，也會按照程序去做。所以，你只要按部就班，不做過多發揮便

可取勝。

八、老練的面試官

如果能有機會跟這類考官打交道，一握手就知道了。他們的手指尖冰涼，手心板僵硬，他們不全握你的手，只是輕輕地一碰，甚至指頭也不捲曲。他們把一切做得非常有禮貌，無可挑剔，但禮貌中深含距離。他們從來不自己起話頭，絕不輕易讓人瞭解其心思。他們不會對你的談話有直截了當地反應，他們通常的做法是點頭，一接觸到正題，他們更是深藏「盧山」，不肯輕易表態。他們的問話總是話中有話，話中套話，剝了一層又一層，還看不見核。他們不讚揚人，甚至在你感覺最好時，也會用冷冷的表情搞得你無地自容。

面對這類考官，需要把你「沉穩、堅定，辦事精明有效，有責任心、值得依賴」的好印象留給他。要堅持三思而後行，當話題談及自己的能力、願望、要求、感受時，一定要慎重，少說為妙，最好說具體點，宏觀而浪漫的設想一般不說為妙。

九、患有「遲滯症」的面試官

這類人做事遲緩，辦事總是不緊不慢，感覺上工作效率很低，為人也不爽快，好像對人總是不放心。

他們會讓你先把準備好的資料遞上去，仔仔細細地看一遍（其實他們很可能早看過了）。在精心讀完之後，他們仍然要問有關資料上的問題，好像對自己對別人都不放心似的。他們在談話上沒有層次，東拉西扯，更不知何時能了結。

應聘者對這種考官一定要按捺住性子，說話一定要保持溫和謙虛的口氣，一定要耐心地回答問題。問題要盡量周全詳細，遺漏了要想法彌補，多點說明，少些辯駁。聽話時更應該做個耐心而專注的聆聽者，少插話，即便不懂的問題，也一定要在主考官說完之後再問，或者多說些類似「你覺得哪些還不清楚？還需要我補充？」的話，在語氣上、表達方式上盡量配合他。千萬不要分神，或有倦意神態，只要有耐心，就能打動這類主考官。

十、「唯我獨尊」的面試官

你很可能碰見這樣的考官：他們認為自己生殺大權在握，並故意給人一副唯我獨尊的樣子。他們說話雖然客氣，但眼神傲慢，且不帶一絲笑意，經常用「哼」、「哈」來應付人，甚至對應聘者不理不睬。也許，你會感覺這種人最難對付，幾乎可以一下使你喪失掉全部自信心，因為那種潛在的「威脅」深深地

傷害了你的自尊心。

遇上這類主考官，首先心理上不能打敗仗，不要有自尊心受到損害的感覺。可以多做一些設想：「他一定遇到不順心的事了。」「他昨天肯定跟太太吵了架。」「一定是他的老闆不滿意他。」……如此一來，便可以不太在意其態度的惡劣。其次，一定要來些必要的寒暄，顯示出你平和的心境。說話簡潔有力，將必要的情況簡明扼要地交代就行了，也不必去看他如何反應。他可能會說出刺耳的話，你一定要不怪不怒，也不要對著硬幹。盡力使自己保持愉快的心情，從心底不把他當回事。

十一、演講家式的面試官

遇上他們，你開始感覺輕鬆，而後卻感覺緊張，最後竟不知如何應對了。他太愛說話了，總是不能克制自己說話的慾望，搶過你的話頭便口若懸河，不可遏制。他既有文學家般誇張的描述，又有理論家般透徹的分析，令人歎服，卻又不著重點。他無心問及應聘者的情況，只求淋漓盡致地表現自己。

如果能讓他無限制地表達，最好是讓他能處於自我興奮狀態，這樣，你多半便會被錄用，所以你只需要安安心心做個好的聆聽者，不要隨便插話。你一定

要表現出對他的「演講」懷有濃厚的興趣，同時不斷利用你的表情，促使他把話講下去；不要擔心時間拉得太長，你再有急事，也要拋之腦後。你焦慮不安的神態，會使他大感掃興，其結果自然也不會美妙。

十二、不動聲色的面試官

他好像天生的啞巴，悶著頭坐在那裡，「呆若木雞」般地等你作自我介紹，尋找話題，談天說地，最後他還是沒什麼話可說，談話就到此結束了。

其實，考官一言不發，只是為了靜觀應聘者如何在這需要發揮的場合展露自己的才能。誠惶誠恐、戰戰兢兢、如履薄冰，自然不能獨當一面，屬被淘汰之列。所以，千萬要當心他們設計的圈套，想法改變局面者，才會最後勝出。

十三、麻木的面試官

他們看來對面試的事不那麼熱心，一切按部就班，一切又漫不經心。他們面試工作的時間太長，以至於有些麻木了。一切都平平淡淡，甚至平淡得讓他厭倦。他們總是心不在焉，說話總是偏離主題，常常言不由衷，或者一邊聽你說話，一邊用筆在紙上亂寫亂畫，要不就是眼睛看著窗外發愣，再不就是不停地做這做那，手腳不停。

考官的這些毛病，純屬職業病，你第一次見考官頗有新奇之感，而他卻是司空見慣，天天見的都是這樣懷著滿腔熱情的人，他早已熟知一切對付你的手段，如何瞭解你的家庭背景，你的職業能力，你的氣質與個性，你的為人方式，以及如何拒絕你。

遇到這樣的考官，你不妨設法巧妙刺激他的新鮮感，使他對你有格外深的印象。

▶靈活地與性格各異
的上司愉快相處

　　即使揚言無所不能、無所不作的上班族，在上司面前也照樣不敢爲所欲爲。如何與性格各異的上司愉快相處，使自己能夠愉快地工作呢？

一、面對懶散的上司要找好證人

　　你的上司經常遲到、早退，一則令你有不公平之感；二則他不在會影響了工作進度，因爲好多決策未能及時由他批示；三則遇上司公事出錯，你會被逼「背上黑鍋」，苦不堪言。

　　這可怎麼辦呢？向老闆申訴嗎？不錯，此舉可避免「背黑鍋」。你將上司偷懶的情況公開，到頭來，大有可能給自己造成不利！難道就這樣敢怒不敢言的維持下去嗎？不妨試試以下方法：上司不在時，請來一個見證者，當然不是公然地找，而是有意無意，例如在秘書小姐面前進行，目的是要有人知曉整件事情的來龍去脈，使公司裡的人曉得真相。一傳十，十傳

百，你的目的就可達到。

二、對公私不分的上司巧妙地拒絕

有些上司公私不分，常常要你替他做私事。

面對這樣的上司，你可以送給他一枚軟釘子。你要做的事就是巧妙地拒絕他，但以不影響你的前程爲前提。要在第一時間說「不」！例如上司要你替他的女兒寫讀書報告，你肯定一萬個不願意，就告訴他說：「對不起，我幫不上忙。」如果他在下班後讓你去做，事情就更好辦了，搬出這樣的理由：「我今天晚上有約會，不能遲到！」

第二天，他再次請你做，你可以找相宜的理由，他就會知難而退，又奈何不得。若這樣的事情發生在工作期間，你的理由更多，說：「我手頭上有三個報告要寫，老闆說今天一定要。」由於上司本身就理虧，只會悶在心底，但只要你工作認真，從沒有犯錯，他便「敢怒不敢言」了。

三、對情感脆弱的上司表示適度的關心

上司通常會在別人都下班後，獨自坐在辦公室發一會兒呆，上司面對工作一樣會感到心情壓抑，面對家庭生活也一樣會有許多的矛盾問題。

上司的情感有時也很脆弱，需要撫慰。但如果就

此你就毫不客氣地探問其隱私，甚至為此出謀劃策，那就大錯特錯了。即使上司最脆弱的時候，他也只需要適度的關心，一杯熱茶已足以讓上司送給你一個淡淡的微笑。如果方便，你彷彿是隨意講個笑話，開解他鬱悶的心情，他會非常感激。要明白，真正關心上司，出發點應是愛戴而不是利用。

四、對「霸道型」的上司不要輕易退縮

這類上司認為只要不斷地威脅僱員，就能讓他們服服貼貼地幹活。

對付這樣的惡老板，你必須讓他感覺到你存在的價值。尤其當你預見到他將會對你惡語相向時，你必須事先想好回敬他的措辭。更重要的是，你不要被嚇倒，而是堅持下去，往往最後退縮的是對方。

五、對喜歡追女性的上司聯合他的太太

許多擁有一定權力的男上司，雖然家中已經有個好老婆，仍會利用他的地位，去追求女同事。

有些女同事會立刻辭職，避免煩惱，但這只是消極的辦法。如果你在公司爭取到了一定的地位，一下子全部放棄，太不值得了吧！所以，上上之策是，既不墜入對方的圈套，也不得罪他，更不會影響你的工作。

例如，當上司藉故約你，你可以裝傻，問他：「你太太也一起來嗎？」或者表示高興：「好的，順便介紹一下你的太太給我認識吧！」

有些上司不會避嫌，直接邀請你，你也不妨大方地答應下來，但只是赴一些小的約會，如下午茶、午飯之類；另一方面，要藉故取得上司家中的電話號碼，找他的太太，與她交朋友，讓別有用心的上司不能得逞。

六、對變色龍式的上司切記他曾說過的話

有一些上司是變色龍，今天他讓你這麼做，明天讓你那樣做，今天他這麼說，明天又那麼說。

面對這樣的上司，作為可憐的打工族，一方面，隨時提心吊膽，另一方面，總是在工作上不知所措，弄得精神上精疲力竭，另外，還有可能被老闆抓住了把柄，搞不好有可能面臨開除的危險。變色龍老闆之所以善變，主要是因為他不願意承擔責任，是他信心不足的表現。所以，作為打工族，應「督促」他改正，他在任何情境下說過的話、交代過的事情，一定要記清楚；如有必要，你可以記載在紙上或電腦之中，以備不時之需。實際上，這種習慣也是一種良好的工作態度。

七、對疑神疑鬼的上司勤報告

有些老闆成天懷疑員工偷懶。

一名女士這樣形容自己的老闆：「她總是偷偷地站在員工後面，每隔5分鐘便會問上一句：『工作進行的怎麼樣了？』令人防不勝防也不勝其煩。」

不偷懶工作，這當然是個好主意。對付這類老闆最好的辦法是，每天給他一份報告，明白地告訴他今天做了什麼工作，以打消他的疑心，從此他放心你也安心。

八、對討厭的上司盡量避免正面衝突

討厭的上司，並不是指因為工作能力不好而讓人討厭或困擾。在這裡單純地指對個人的好惡而言，也許是個性不合、脾氣不好，或是你無法認同他的行為。

假如你碰到了這樣的上司，苦惱之餘，又該用什麼態度和他相處呢？不論多討厭對方，都要盡量避免正面衝突。尤其當對方正好又是公司內部掌握大權，有能力、有地位的人時，更是要特別注意，千萬不要採取太過激烈的行動，也要避免正面交鋒，因為這些衝突，可能會讓你對他的厭惡感更形加重，因而造成自己的心理負擔。所以，為了以後的工作能更加順利地進行，唯一的保身之道就是「保持距離，以策安

全」。

九、對愛發脾氣的上司要沉住氣

上司也是人，也會情緒不好，也許是他的家庭發生了問題，或者工作出了差錯，他的上司批評了他。這時，他也許找碴發脾氣，或擺出一副難看的臉色。這時候，你要沉住氣，不必馬上和他鬧情緒，這樣會更刺激他。等他情緒平定之後，你再找他解釋。這樣更明智，效果也會更好些。說不定他冷靜以後，會主動跟你溝通的。

▶ 和不好相處的 同事搞好關係

　　事實上，由於家庭背景、文化程度、興趣愛好以及觀念的差異，我們所遇到的人也就形形色色、各式各樣。在每一個公司裡，都有一些不好相處的人，和這些人的關係搞好了，就不愁在辦公室裡沒有人緣了。倘若你先弄明白對方屬於哪種類型的人，然後對症下藥，見機行事，交流起來就容易多了。下面介紹幾種常見的不易相處的人和積極的應對策略。

一、傲慢無禮型

　　這種人一般以自我為中心，自高自大，常擺出一副盛氣凌人、唯我獨尊的架勢，缺乏自知之明。

　　和這種人打交道或共事，你千萬不要低聲下氣，也不要以傲抗傲，你只需長話短說，把需要交代的事情簡明交代完就行。

二、自私自利型

　　這種人一般缺少關愛，心裡比較孤獨。他永遠把

自己和自己的利益放在第一位。你要他做些於己不利的事，那你便難於和他溝通了。

和這種人相處，你必須從心靈上關注他，讓他感受情感的溫暖和可貴。

三、固執己見型

這種人一般觀念陳腐，思想老化，但又堅決抵制外來建議和意見，剛愎自用，自以為是。

對待這種人，僅靠你三寸不爛之舌是難以說服他的。你不妨單刀直入，把他工作和生活中某些錯誤的做法一一擴大列舉出來，再結合眼下需要解決的問題，提醒他將會產生什麼嚴重後果。這樣一來，他即使當面抗拒你，內心也開始動搖，懷疑起自己決定的正確性。這時，你趁機擺出自己的觀點，動之以情，曉之以理，那麼，他接受的可能性就大多了。

四、家庭婦女型

這類人不僅指女性，有一部分男性也很「婦女」。這種人，上班一進辦公室就把昨天晚上直到今天早上家裡發生的事一五一十地跟辦公室裡的人講。如果實在沒什麼說的，就跟你重複昨晚的電視劇。公司的事情沒有他們不知道的，張家長李家短的，手裡做著工作，嘴上也不閒著。遇見分個福利什麼的，他們會盡

挑好的往自己那裡攏。

　　這種人讓你心煩，在你心情不好時，聽見他們在你耳邊嗡嗡，可能會讓你恨不能罵兩句才解恨。不過你千萬不要發火，這樣的人，你少接他們的話就是了，他們說什麼你全當沒有聽見。這樣的人，在關鍵時候不太會說你的壞話，還可能說你的好話呢，因為他們比較有同情心。

五、搬弄是非型

　　這種人與前一種類型的人相比有質的不同。他們的嘴從來不願閉著，到處打聽周圍人的隱私，並樂於製造、傳播一些謠言，企圖從中獲得些什麼。而且，在他們的心中，任何人都不在話下（上司除外），而他們自身卻沒有什麼所長。

　　這種人讓你討厭，但他們並不可怕。所以，你也不必如臨大敵，與他們計較。只要他們說的構不成誹謗，又能傷著你什麼呢？

六、欺負新人型

　　這種人的思想，其實在我們每個人的身上都多少有一些。他們對待新到的人，不管性別、年齡怎樣，都有相當長的一段時間裡拿你不當回事，指使你做這做那，盡是些「雜事」。

這種人並非真正的壞人，最多算是個素質低下的「小員工」，只要他們做得不過分，你最好還是忍了。過了一段時間，他們自然會接受你的。不過你如果不願忍，或者說沒有那麼長時間的耐性，你也不妨抓好時機，奮起反擊他們一兩次。而這種人一般都是欺善怕惡的人，只要你反擊，十之八九他們不敢再怎麼指使你了，他們的矛頭很快會指向下一個新來的人。

七、性格古怪型

這種人多半是天生的，有很大的遺傳因素在裡面，但他們不勢利，也不願與人同流合污。

你可能會莫名其妙地與他們「發生」衝突，但不要記恨他們。他們一般是事情過去了也就算了，會仍然像從前一樣對你，所以，你不要企圖去改變人家什麼，當然，人家也不想改變你什麼。對這種人，注意不要做過深的交往，也不能對他們有過激的行為和語言。

八、輕狂高傲型

這種人誰也看不起，包括自己的頂頭上司。他們處處要顯得與眾不同，比別人優越，他們上知天文，下知地理，剛剛在報上讀到的知識或者奇聞，就會當成自己的知識當眾賣弄。

其實，這種人的內心是有著深深的自卑的，他們多半是目光短淺的人，沒有見過什麼大世面。對這種人，你根本用不著與之計較，他喜歡吹噓自己，那就由他去吧。就是他貶低了你，你也不要去與他們較量，何必與一個不在同層次上的人分個誰行誰不行呢。

九、陰毒惡人型

這種人才是你最應該引起注意的人呢。這種人不多，但幾乎每個團體裡都會有。而且這種人，不與他一起工作過一定長的時間，是不可能發現他們的陰毒的。他們絕大多數是以其反面出現的。在你剛與之接觸時，他們非常熱情主動，並會積極地為你解決一些小困難，而且為你想得很周到，也表現出來真是為了幫助你的樣子，客觀上也能達到使你好的效果。但是，這裡有個前提，你不能侵犯他們的利益。你侵犯了一點，他們可以忍讓，甚至他們也會犧牲些自己小小的利益，比如一定量的金錢，一定量的時間。但是，關鍵時，你是絕對不能佔他們的便宜的，也絕對不能走在他們的前面，比如晉級、加薪等。否則的話，他們會立即拉下臉來，跟你拚個你死我活。

這種人很難對付，因為他們一般早已以他們的假象取得了上司的信任，你如果沒有強大的實力，是萬

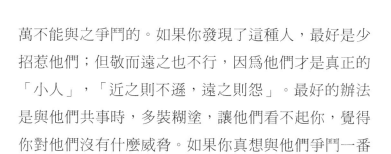

萬不能與之爭鬥的。如果你發現了這種人，最好是少招惹他們；但敬而遠之也不行，因為他們才是真正的「小人」，「近之則不遜，遠之則怨」。最好的辦法是與他們共事時，多裝糊塗，讓他們看不起你，覺得你對他們沒有什麼威脅。如果你真想與他們爭鬥一番的話，你必須越級向更高層主管反映他們的惡行，同時還要有一旦不成，立即離開他們的準備。

讀懂上司和同事所表達的弦外之音

　　小韓是銷售員，公司開會的時候每個同事都在「表揚」他，說他「獨立工作能力強」、「眼光長遠」、「具有極佳的口才」；可是部門經理在會後卻把他叫到了辦公室，臉色很難看，問他，是不是經常擅作主張，和同事合作不好。小韓覺得很委屈：「他怎麼能這樣說我呢？剛才開會的時候同事們對我的評價還很好，到經理這兒，怎麼就全變了？」他一下從熱鬧興奮的狀態跌入冰谷之中。

　　一開始，小楊也不懂得辦公室中的暗語，所以耽誤了不少事，有時候以爲和別人商量好了怎麼合作，可是跟同事要結果的時候，人家卻很不以爲然地說弄不出來。到最後，手忙腳亂的反而是他，主管還會怪到他頭上；後來，小楊才明白，好多看似答應自己的話，其實都是在婉轉地拒絕他的想法，比如，「我想想」、「這需要時間」、「我不確定這樣是不是能夠

「實行」等。

職場暗語和職場潛規則一樣，都是企業文化的一部分，它們不會被訴諸文字，也不會被公開告知。這是一套在特定企業制度、企業文化、領導者意志影響下，無意識中形成的一套似是而非的語言系統。如何識別這些暗語、如何讀懂同事所表達的弦外之音，對任何一個職場人士來說都是必須的。

職場新人往往不能真正理解別人說話的隱含意思。而要識別職場暗語，可以從下面兩個角度入手：

一、理解說話者的語境與立場

語言表述的真正意義除了看內容之外，與表述者所處的語境也密切相關。同樣一句話，其實質意義可能由於說話者所處語境不同而有著天壤之別。員工做了錯事，上司批評他可能有兩種完全不同的方式：一是將他叫到自己辦公室，語氣嚴厲地批評一頓，然後再鼓勵幾句；二是在公司大會上或當著其他員工的面，表面語言溫和，其實暗含批評。毫無疑問，第一種方式的意思表達是直接，屬於明語表達。

而後一種方式則是暗語，領導者為顧全受批評者的面子，將批評言辭的尖厲包裝在鼓勵之詞中，目的卻是希望受批評者聽出其言外之意，並予以改正。

二、察言觀色，瞭解不同的表達方式

職場暗語作為一種非正規的表達方式，不是所有人都習慣透過它去傳達訊息。所以，同樣的訊息，不同的人就有很大表達差異：有些人對喜怒哀樂從不掩飾，有些人則習慣以不動聲色來掩藏自己的情緒，有些人則喜歡反過來表達情感——所以，要識別別人所說的話是正話還是反話，是暗語還是明語，重要的一點就是了解說話者一貫以來的表達方式與表達習慣，從中去捕捉其語言表達中是否存在暗語。

同樣，在日常溝通中，哪一些語言表述屬於暗語或者存在雙重意義，識別者一定要考慮到言說者敘說時所處的語境，以及言說者當下所處的立場，這些都是正確鑑別訊息的關鍵因素。

那麼，作為職場新人，該如何應對暗語的「陷阱」呢？

一、不能單純相信外部訊息

一般情況下，我們很多時候只會顧及別人對自己的看法，而很少有時間來對自己的工作績效做一個很好的總結和評估。同事們在會議上的交流以及主管對自己工作業績的反饋，這些只是我們考慮自己業績的外部訊息（這些訊息可能是片面的），自己對自己定

期、合理地評價也是十分重要的，我們要綜合這些訊息，給自己一些全面的瞭解和分析。在我們工作中，有時候一些細微甚至無聲的但卻能反映工作質量的線索，可能會被自己忽略，比如遲到、做事武斷，而這些就可能會影響到自己的績效表現。

階段性的自我績效考核和評估會在很大程度上對自己的職業定位和職業發展提供有效的認知訊息，在自我的成長中起到關鍵的作用。

二、做自己的公關高手

把自己的工作做好固然重要，但如何在同事或主管面前去展示你的工作成果也是相當重要的。在我們的工作中，主管和同事都是我們工作團隊中的一員，要給自己一些機會和團隊成員交流，讓別人知道你在做什麼，讓別人瞭解你的工作進展（但作爲秘書一些工作機密當然還是要保守的），主動把你的工作呈獻給大家。

在職業發展中，透過和同事交流溝通的有效性，很好地把握自己在工作中的表現，這有助於你去更好地瞭解同事的真實想法，聽到他們的真實聲音。

▶透過細微的動作
和眼神判斷上司的心思

　　人際交往中，對他人的言語、表情、手勢、動作以及看似不經意的行為有較為敏銳細緻的觀察，是掌握對方意圖的先決條件，測得風向才能使舵。例如和上司打交道時，對其眼手的觀察，能夠讓我們洞悉其內心：

　　一、上司說話時不抬頭，不看人。這是一種不良的徵兆——輕視下屬，認為此人無能。

　　二、上司從上往下看人。這是一種優越感的表現——好支配人、高傲自負。

　　三、上司久久地盯住下屬看——他在等待更多的訊息，他對下級的印象尚不完整。

　　四、上司友好和坦率地看著下屬，或有時對下屬眨眨眼——下屬很有能力、討他喜歡，甚至錯誤也可以得到他的原諒。

　　五、上司的目光銳利，表情不變，似利劍一樣，

要把下屬看穿。這是一種權力、冷漠無情和優越感的顯示，同時也在向下屬示意：你別想欺騙我，我能看透你的心思。

六、上司偶爾往上掃一眼，與下屬的目光相遇後又向下看，如果多次這樣做，可以肯定上司對這位下屬還吃不準。

七、上司向室內凝視著，不時微微點頭。這是非常糟糕的信號，它表示上司要下屬完全服從他，不管下屬們說什麼，想什麼，他一概不理會。

八、上司雙手合掌，從上往下壓，身體起平衡作用——表示和緩、平靜。

九、雙手叉腰，肘彎向外撐，這是好發命令者的一種傳統人體語言，往往是在碰到具體的權力問題時所做的姿勢。

十、上司坐在椅子上，將身體往後靠，雙手放到腦後，雙肘向外撐開，這固然說明他此時很輕鬆，但很可能也是自負的意思。

十一、上司的食指伸出指向對方———一種赤裸裸的優越感和好鬥心。

十二、上司的雙手放在身後互握，也是一種優越感的表現。

　　十三、上司拍拍下屬的肩膀——對下屬的承認和賞識，但只有從側面拍才表示真正承認和賞識。如果從正面或上面拍，則表示小看下屬或顯示權力。

　　十四、手指併攏，雙手構成金字塔形狀，指尖對著前方————一定要駁回對方的示意。

　　十五、把手握成拳頭——不僅要嚇唬別人，也表示要維護自己的觀點，倘用拳頭敲桌子，那乾脆就是企圖不讓人說話。

準確判斷和應對 不同個性的老闆

辦公室裡，沒有硝煙的戰爭中，以下屬與老闆的對抗最為激烈。身為下屬的你，要想跟老板「開戰」，那就得先「知己知彼」，才有可能「百戰百勝」。你當然不能以相同的手段來對付所有的老闆，如果你能判斷出老闆的真正個性，那麼你就知道了怎樣接近與「馴服」老闆。

一、無情的欺下媚上者

這種老闆總是無情地鞭笞員工向前邁進。這是一個典型的阿諛者與虐待狂：對上—無恥地向長官拍馬屁；對下—惡毒地折磨部屬。

這種老板的典型動作特徵是，食指總是指著下屬。他經常掛在嘴邊的話往往是：「為什麼工作還沒有完成？」聲音尖厲，態度極度的不耐煩。

面對這樣的老闆，只要將努力降低到尚可接受的最低表現就行了，反正你的上司永遠也不會滿意。同

時，開始找新工作吧！

二、無能的庸才

這種老闆十分無能。透過抽煙攀交情，或因為「私人關係」才坐在現在這個位置。

這種老闆的典型特徵是膽怯呆滯的表情。他經常掛在嘴邊的話往往是：「嗯，是，我瞭解。」「嗯，嗯……」

面對這樣的老闆，一定要小心。別嘲笑他，否則他可能會變得很惡毒。如果需要的話，就帶點「小禮物」來滿足他。另外，在他心智無法負荷時，也稍微拉他一把。就像你把一根刺從獅子的腳掌給拔出來一樣，他可能會成為你永遠的朋友。

三、好好先生

這種老闆有老闆的架勢，但是缺乏勝任工作所需要的能力，常常有些「可憐」地向部屬尋求協助。

這種老闆的典型特徵是太害羞，以至於無法看著員工的眼睛下命令。他經常掛在嘴邊的話往往是：「不知道你可不可以幫我做這個計劃書？」「……我的意思是，如果你不太忙的話。」

面對這樣的老闆，不妨總是說自己太忙，沒法接他的計劃。趁還可以「拒絕」老闆的時候，盡量利用

這種權利。

四、好戰的激進分子

這種老闆非常喜好指揮他的部屬。他充滿了許多自我意識與領導幻想，以至於他不會把太多時間花在某一個人身上。

這種老闆的典型特徵是把部屬們稱為自己的「部隊」，把自己當成是一個軍隊的「司令」。他經常掛在嘴邊的話往往是：「好，隊員們，接下來的幾周我們將需要更大的努力。」

面對這樣的老闆，要扮演好士兵，但是別自願做任何額外的任務。必要時要敬禮，交給他定期的「前線報告」，以贏得功勞。偶爾扮演傷兵，打電話請病假。

五、自私偏袒者

這種老闆往往不分青紅皂白，偏愛特定部屬。被挑上眼的人，可享受舒適快樂的生活；未能獲選「入圍」的人，則如坐針氈。

這種老闆的典型特徵是與某些部屬很親密；對其他人則心胸狹窄，以及公事公辦。他經常掛在嘴邊的話（視他跟誰說話而有不同）往往是：「弟兄們，最近覺得怎麼樣？」或者是：「都什麼時候了，為什麼

報告還未交到我的手上？」

面對這樣的老闆，如果你不是「入圍」選民之一，不妨考慮另外找個工作或是要求調職；如果是「入圍」選民之一，善加利用。

六、事必躬親型

這種老闆往往只信任自己，覺得只有自己才能把事情做好。因此，他的員工只做大部分例行工作，以致閒的閒死，忙的忙死。

這種老闆的典型特徵是不斷地在工作。他經常掛在嘴邊的話往往是：「你們肯定做不好，還是交給我來做吧！」

面對這樣的老闆，你不妨採取多一事不如少一事的態度：既然他喜歡，就交給他去做好了。

七、吹毛求疵型

這種老闆往往追求不必要的細節，斤斤計較，小肚雞腸。這種老闆的典型特徵是關心報告的格式以及字形更勝過內容。把檔案以字母編排，在檔案內則以年代來排列。為備份製造備份。面對這樣的老闆，你就要滿足他的偏好：既然他特別注意細節的地方，你給他的報告就用他喜歡的格式去製作就好了。

▶ 注意上司的不尋常 的舉動和失寵信號

我們都想得到上司的賞識，我們努力地工作，盡力表現自己的能力，往往不會去想自己會失寵。有時雖然隱約感覺到最近上司有一些不尋常的舉動，但沒有想太多，照常做事，以致產生後來自己都覺得愚蠢的舉動和尷尬。

我們應該警覺失寵的信號，以便對形勢的變化作出及時的反應，調整自己的言行，至少對可能發生的情況有一個心理準備，並做好下一步行動的準備。

失寵會有什麼徵兆呢？下面是一些常見的失寵的信號。

一、不再讓你參加例行的會議

有一些會議原來你都能出席和參加，可是有一天突然老闆交代下來，這些會議中的一些重要會議你可以不必參加了，也沒有說出什麼理由，這其實是最明顯的一個徵兆，讓你自動退出。

二、找別人討論你的業務和工作

在你的工作範圍內的事情，老闆開始不斷讓其他人來插手，有時甚至不來找你了。這意味著在他心目中的組織表裡，你已經被除名了。所以他不必再來找你囉唆，因為你很快就會不見了。找你還不如找你的下屬或將來要頂替你的人，會來得比較實際和有效果。如召集你的下屬開會，開始這樣做的時候，他可能會先通知你一下。但是如此事情多次發生後，他就不會再通知你了，也不再找什麼理由或向你作出解釋。老闆如此不外乎有三種原因：第一，讓你的下屬直接接受他的控制和領導，於是你便被架空了；第二，利用開會和指揮你的下屬的機會，削弱你的影響力和心腹的實力；第三，在開會時挖掘你的「隱私」，以便開除你時有足夠的理由和更多不利於你的因素。

三、莫名其妙地被安排出差

如果老闆突然安排你出差，而又不是很有必要，不但不合理也不合人情，說不定是你失寵的徵兆，你能不小心嗎？

為什麼要安排你出差？就是要在處理你的業務、人員時，阻力會比較小，也沒有什麼顧忌。

四、讓你重新建立制度並將你的工作詳細建檔

或許公司原本就沒有制度，工作也沒有什麼規則可尋。如果你的老闆一下子特別熱心，要你建立制度，建立檔案，甚至問你：「如果你不在，公司部門應該如何作業？」他的要求並非說說而已，而是認真的。他這樣做的時候通常會找一大堆理由，其實你稍微仔細分辨，就已經明瞭。如果老闆突然招聘人來做你的副手，當然他可能會解釋說：「你工作太忙，需要人來幫你，這些人進來你就不必那麼辛苦了。」而對你來說，寧願累一些也不希望有一堆不受自己管轄的「助手」來幫自己解決問題。

五、談到獎勵時沒有任何表示

　　任何公司都有一套獎勵模式和制度，不論這套獎勵制度是成文或不成文的，至少大家應該知道什麼時候該獎勵了，什麼時候該懲戒了，當你發現你明顯應該被獎勵時沒有被獎勵，甚至有時候你犯了錯誤，他也不像往日一樣批評你了，似乎你的一切他都不再關心，這顯然不是什麼好兆頭。

從表情上判斷對方的真實情感時應注意的問題

　　人類的心理活動非常微妙，但這種微妙常會從表情裡流露出來。倘若遇到高興的事情，臉頰的肌肉會鬆弛，一旦遇到悲哀的狀況，也自然會淚流滿面。不過，也有些人不願意將這些內心活動讓別人看出來，單從表面上看，就會讓人判斷失誤。

　　比如，在一次洽談會上，對方笑嘻嘻的完全是一副滿意的表情，嘴裡說著：「我明白了，你說得很有道理，這次我一定考慮考慮。」使人很安心地覺得交涉成功了；可是最後的結果卻是以失敗而告終。由此看來，我們不能只簡單地從表情上判斷對方的真實情感。在以表情突破對方心理時要注意以下兩方面：

一、沒表情不等於沒感情

　　生活中，我們有時會看到有些人不管別人說了什麼，做了什麼，他都一副無表情的面孔。其實，沒表情不等於沒感情，因為內心的活動，倘若不呈現在臉

部的肌肉上，那就顯得很不自然，越是沒有表情的時候，越可能使感情更為衝動。

例如，有些職員不滿主管的言行，只是敢怒不敢言，只好故意裝出一副無表情的樣子，顯得毫不在乎。但是，其實他內心的不滿很強烈，如果你這時仔細地觀察他的面孔，會發現他的臉色不對勁。碰到這種人，最好不要直接指責他，或者當場讓他難看。最好這樣說：「如果你有什麼不滿，不妨說出來聽聽！」這樣可以安撫部屬正在竭力壓抑著的感情。

但是這種時候也不宜說話過多，避免正面交鋒，而應另擇時間，開誠佈公地與下屬交換意見，這樣就可以圓滿解決與下屬的這種低潮關係，主管的好形象就樹立起來了。

毫無表情有兩種情形，一種是極端的不關心，另一種是根本不看在眼內。

例如，這裡在談話，有人就很茫然地看到這邊來，表現不知如何是好的模樣，這就是一種根本不看在眼內的表情，這有可能代表的是一種好意。尤其是女性，倘若太露骨地表現自己的好意，反而不妥，不如就顯現出一種近乎漠不關心的表情來。

二、憤怒悲哀或憎恨至極點時也會微笑

　　這種情況眼光表情不同，通常人們說臉上在笑，心裡在哭的正是這種類型。縱然滿懷敵意，但表面上卻要裝出談笑風生，行動也落落大方。

　　人們之所以要這樣做，是覺得如果將自己內心的慾望或想法毫無保留地表現出來，無異於違反社會的規則，甚至會引起眾叛親離的現象，或者成為大眾指責的罪首，恐怕受到社會的制裁，不得已而為之。

　　由此可見，觀色常會產生誤差。滿天烏雲不見得就會下雨，笑著的人未必就是高興。很多時候，人們苦水往肚裡嚥著，臉上卻是一副甜甜的樣子。反之，臉拉沉下來時，說不定心裡在笑呢。

從穿戴打扮上 看透同事的內心

人本來是赤裸裸地來到這個世界上的，爲了隱藏自己的盧山真面目，才穿衣服。其實，人類爲了要穿上自己喜愛的衣服，包括顏色、質料，反而把自己毫無掩飾地呈露出來了。因爲每個人所選購的衣服把自己的心理狀態表現得袒露無遺。因此，我們可以從穿戴看透同事的內心。

一、衣著華麗者自我顯示欲強，愛出風頭

在大庭廣眾之中，我們可以發現某些人總是穿著引人注目的華美服飾，這種人大致上有強烈的自我顯示欲。同時這種人對於金錢的慾望特別迫切。所以，當你看到這類身著華服的人，或同事中有這樣的人時，你就能洞察到他（她）們的這種心理，多誇獎他（她）們的服飾，滿足其膨脹的顯示欲是一個好辦法，這種人就不會輕易與你爲敵。

二、衣著樸素者缺乏自信，喜歡爭吵

有一種人穿著樸素，不愛穿華麗的衣服，這種人大多缺乏主體性格，對自己缺乏信心。希望對別人施與威嚴，想要彌補自己自卑的感覺。

遇到這種人，就別與他們爭執不休，因為越是自卑的人，越想掩飾自己的自卑，越會與人喋喋不休地爭吵，以期保存剩下的一點點面子，這反而不利於和他人維繫關係。這時候，你大可以大大方方承認他的觀點，他反而會感到你的寬容大度，你會取得意想不到的效果。

三、喜歡時髦服裝者有孤獨感，情緒常波動

有一種人，完全不理會自己的嗜好，甚至說不知道自己真正喜歡什麼，他們只以流行為嗜好，向流行看齊。這種人在心底常有一種孤獨感，情緒也經常不安。

四、不理時尚者常以自我為中心，標新立異

有一種對於流行的狀況毫不關心，這種人的個性可以說是十分強硬，但也有一些人是不敢面對外面的花花世界，而一味地把自己關在家裡。這種人認為，如果跟別人同調，豈不是等於失去了自我？這種人常常以自我為中心，經常弄得大家索然無味。

五、有一類人對流行既不狂熱，又不會置之不理，改變穿衣也是漸漸實行

這一類人處事中庸，情緒穩定，一般不會做什麼壞的事。他們多有理性，不過於順從慾望，也不盲從大眾時尚。此種人比較可靠，值得結交。

六、突變服裝嗜好的人想改變生活方式，也有逃避現實的成分

一位公司職員阿偉，一直穿戴固定樣式與格調的西裝。但有一天，他卻改成了瀟灑的夾克、鮮艷的長褲，帶著完全不同顏色的領帶來公司上班。從表面或精神方面說，阿偉的內心必然受到了某種刺激，使他在想法上發生若干變化，所以，在他們的深層心裡，通常懷有某種新的想法。同事們則好奇地猜測：「他今天有什麼好事嗎？」「他遇到了什麼問題？」

對於這種突然改變自己服裝嗜好的人，你若想與他保持良好的關係，應當顯得不當一回事，或者讚美他穿什麼都很不錯之類的話，相信他的心靈大門一定會向你敞開，你承認的態度比別人質疑的態度要強，你會贏得別人的回報——讚美。

▶ 透過談話時的姿態
和動作判斷同事的個性

　　你和同事談心事的時候，他的姿態可以表現出他的性格，比如下面幾種：

一、手不停地撫摸下巴

　　他是一個很喜歡思考的人，常常一個人陷入沉思中，連你在講什麼，他都聽不見。如果不信的話，下次你再看他不停地撫摸下巴時，問他你剛剛講什麼？他一定是答不出來。這種人雖然是喜歡想東想西，但是還不至於會去算計別人，只是有時候會鑽牛角尖，一個人陷入思考的迷宮中走不出來。因為他容易胡思亂想，在人際關係的表現上也是比較神經質一點。你了解了他的人際特性之後，就要避免給他一些暗示，他是很敏感的人，什麼事沒講開就會一個人亂想，是很麻煩的。

二、一隻手撐著臉頰

　　這種人是屬於比較沒有衝勁的人，他會一隻手撐

著臉頰，表示他無法專心地聽你講話，只期待你快點結束話題，或者是輪到他發言。事實上，他也不是真有什麼話要講，只是覺得你的談話很煩而已。這種人通常是整天懶懶散散的，做什麼事都提不起勁，對於朋友的事也不會很熱心，似乎一整天就想發呆。如果他跟你不是很熟，你在講話時看見他一隻手撐著臉頰，那你最好趕快結束話題，不然就是換一個他感興趣的話題，才不會得罪對方。

三、拇指托著下巴，其餘手指遮著嘴巴或鼻子

他是一個很有主見的人，因此你在講話時，他總是以手摀住嘴巴附近的部位，這就暗示他似乎不是很同意你的說法，只是他不好意思說出來，而這種動作就是潛意識怕一不小心說溜嘴的防衛姿勢。通常會以手遮住嘴巴或鼻子的人，在心理的反應上有兩種可能，一個就是想反駁你，一個就是在說謊。你瞭解了這種肢體的反應之後，如再遇到他有這種姿態，就可更仔細地觀察他，是在聽你講話時遮嘴，還是說話時遮嘴。如果是說話時，那就很明顯的是言不由衷；如果是聽你說話時，那就是不同意你的說法，你說話時最好有所保留。

四、不停地搓揉著耳朵

　　由他不停地搓耳朵來看，他是屬於靜不下來的人，不然就是很喜歡講話，不喜歡當聽眾的人。通常一個人不耐煩的時候，可以控制自己的聲調和表情，讓你不會發現他的不耐煩。但是他的肢體在下意識中就會作出一些透露他心中訊息的動作，而這些是人無法去偽裝的，就算你的肢體表演功力很高，也會不自覺地露出一些破綻。如果你發現你的聽眾一直在摸耳朵，這個時候，你最好停下來徵詢對方的意見。不然，很有可能是你說你的，他煩他的，你們的人際關係就不容易搞好了。

▶ 一定要看透某些
言行的真正內涵

魏文侯手下有名將領叫樂羊。有一次樂羊領兵去攻打中山國。這時，恰恰樂羊的兒子正在中山國。中山國王就把他兒子給煮了，還派人給樂羊送來一盆人肉湯。

樂羊悲憤至極，但並不氣餒，毫不動搖，他竟然坐在帳幕下喝乾了一杯用兒子的肉煮成的湯。

魏文侯知道後，對堵師贊誇獎說：「樂羊為了我，吃下他親生兒子的肉，可見，他對我是何等的忠誠啊！」

堵師贊回答說：「一個人連兒子的肉都敢吃，那麼，這世上還有誰他不敢吃呢？」

樂羊打敗了中山國，凱旋歸來時，魏文侯獎賞了他。但是，從這時開始，魏文侯總是時時懷疑他對自己的忠心。

魏文侯這樣做不無道理，樂羊的自制力過於嚇人，非老謀深算之人不能為之。堵師讚的說法更有道理，

因為一個人的行動可以以小見大，有著驚人的內在一致性。

日本曾有這樣一個傳說，永祿時期，力量最雄厚的是北條氏康，他稱霸於關東地方。有一次，北條氏康在戰場上同長子氏政一起吃飯，可以想像戰時的飯食是很簡單的，只有米飯湯。然而，氏政吃著吃著，又往飯裡加了一碗湯。此事北條氏康看在眼裡，記在心上。他馬上產生了聯想，為什麼氏政連自己飯量有多大都沒有數呢？

從吃飯吃到一半時又泡一碗湯看來，至少可以認為氏政是個沒有多少遠見的人。北條氏康的擔心，日後不幸變成了事實。三十年後，氏政終於因為缺乏遠見，被豐臣秀吉的大軍圍困，同弟弟氏照悲慘地戰死了。稱雄一時的北條氏從此日趨滅亡。

依據「行為內在一致性」原理，可得出以下辦法鑑定某些言行的真正內涵：

一、你可以發現，論斷他人的人，往往有狡詐的心機，而改革熱，往往是需要人幫助的人。就因為這樣，他們才想讓世界改觀。當邪惡壓迫著一個人，對他來說，處理他人的過錯，是較輕而易舉的。就因為這樣，那些說你活該的人，他的咒罵，等於是允許邪

惡在他自身的存在。當一個阿拉伯妓女改過自新了一夜，她要求警察逮捕所有的妓女。這種女人的心愈是狠毒，她就愈易於排擠她的同伴。

高貴的人，在「洞察事實」這種可怕的責任前，總是默默的。

二、語言是人類溝通的工具，從一個人的言談，就足以知悉他的心意與情緒。但是，若對方口是心非，就令人猜疑了。這種人往往將意識裡的衝動與慾望，以及所處環境的刺激，修飾偽裝後，以反向語表現出來，令人摸不清實情。

例如，偶遇個性不投的朋友，往往投出社交辭令客套邀約：「哎呀，哪天到家裡坐坐嘛！」其實心裡的本意可能是：「糟糕，又遇上了，趕緊走開為妙！」這種與本意相反的行為，往往造成內心的不安與恐懼，為求自我安慰，於是一而再再而三，因循成習。

三、愛發牢騷，是一種不能言傳的驕傲和自大，不滿意他人在某方面超越自己。如「拿手術刀的不如拿剃頭刀的，搞導彈的不如賣茶葉蛋的。」這是典型的知識分子牢騷。發牢騷者大多自視清高，當現實無法保持他們這種優越地位時，就借發牢騷來宣洩。

四、惡意責備的人，多半是想滿足自己的支配慾

望和自尊心。他們常愛抓住別人的毛病小題大做，橫加指責，這種人對他人尖酸刻薄，自尊心較強。具有支配他人的慾望。

五、說話好訴諸傳統的人，大多思想保守。這種人不管什麼新事物一出現，都好用傳統的東西作為評價標準。這類人多數是經驗主義者，其思想保守、僵化，也表明了其頑固不化的心理。

六、說話好見風轉舵的人，大多無原則性。在生活中，許多人說話時是以聽話對象為轉移的。他們自己沒有一定的主見，完全是「看人下菜」。著名作家契訶夫稱這種人為「變色龍」，他透過同名小說的主角奧楚蔑洛夫活畫出了這種人見風轉舵的嘴臉。這種人沒有明確的標準，如果有必要，他們可以朝令夕改，食言而肥。

七、說話曖昧的大多數喜歡迎合他人。這種人說同一句話既可作這樣解釋，又可作那樣解釋，含糊其辭，這種人處世圓滑，從不肯吃虧，懂得如何保護自己和利用別人。

八、經常對他人品頭論足，論長道短，說明他嫉妒心重，心胸狹窄，人緣不好，心中孤獨。如果他對諸如別人不跟他打招呼之類的小問題耿耿於懷，說明

他在自尊心上受挫，渴望得到別人的尊重。有些人常以主管的過失或無能為話題，則表明他自己有想出人頭地，取而代之的願望。

九、有人在說話時極力避開某個話題，這說明他在這方面有隱衷，或者在這方面有強烈的慾望。比如，當一個人的心中對金錢、權力或某異性懷有強烈的慾望時，很怕被別人識破，於是就故意避開這個話題以掩飾自己的真實用意。

十、與你話家常，多半是對方看不出你的真意。交談時，對方先是與你談一些家常話，這表示他想瞭解你的實力，探知你的本意，試探你的態度，然後好轉入正題。這種人是很有心機的談話對手，要好好對付。

多方面觀察，
以準確識人

生活中，無論是工作、交友，乃至擇偶，都會碰到識才識人的問題。能夠別具慧眼，觀察入微，自可尋得千里馬，覓得好朋友。然而「一樣米養百樣人」，我們該如何識才識人呢？以下幾點供你參考：

一、看他的度量大小

心量的大小，決定一個人的行為、談吐、決策與待人，進而決定他的成功與失敗。所謂「宰相肚裡能撐船」、「大肚能容天下事」。心如大海，則能包容分歧，容忍失敗。有雅量接受別人的批評指教，不會在小事上琢磨、計較的人，往往經得起冰天雪地的考驗，能成大器。

二、看他的品格高低

古人說：「人到無求品自高。」無求無慾的人，能進能退，不會與人計較、比較。另外，品格高尚的人，平時言行坦蕩、光明磊落，不會曖昧閃爍、諂媚

阿諛；與人相處，不會只顧自己的利益，而會顧全大局，或替對方著想。其他如慈悲、寬厚、正直、無私等，都是高尚品格的展現。

三、看他的智慧有無

玄奘大師見窺基大師舉止豁達，知道他是個大器，以三車權巧度化，造就出日後的百部論師；徐庶向劉備推薦臥龍、鳳雛，說二人得一而有天下，劉備識才，不惜三顧茅廬，始能三分天下。因此，識人用人不能固執局限，要看其智慧有無。

四、看他的能力強弱

識人要識其性，識其能。清朝康熙用張廷玉，乾隆重用漢人，皆是以才取人，不存門戶之見，因此擁有數百年的江山。漢高祖原本不識韓信的軍事之才，視他如一般小兵，讓他黯然離去，幸有蕭何月下追韓信，才有「築壇拜將」，使他成為漢朝的開國功臣。由此可見，識才若心存偏見，則容易錯失良將，唯有瞭解其能力強弱，並用其所長，才能贏得英傑。

▶ 透過對辦公桌的使用
習慣判斷一個人的性格

　　經過研究，有專家提出，透過對辦公桌的使用習慣，也可以判斷一個人的性格和品性。

　　一、辦公桌上和抽屜裡，都是整整齊齊的，各種物品都放在該放的位置上，讓人看起來有一種相當舒服的感覺。辦公桌的主人辦事是極有效率的，他們的生活也很有規律，什麼事都會辦得井井有條。他們懂得珍惜時間，能夠精打細算地用相同的時間來做更多有意義的事情，而不是浪費掉。他們都有一些很高的理想和追求，並且堅持不懈。但是他們習慣了依照計劃做事，所以，對於一些出乎意料發生的事情，常常會令他們感到不知所措。在這一方面，他們的應變能力顯得稍微差一些。

　　二、常在抽屜裡放一些具有紀念意義的物品他們多是性格比較內向的。他們不太善於交際，所以朋友不多，但僅有幾個卻是一生不渝的。他們很看重和這

些人的感情，所以會分外珍惜。他們有一些懷舊情結，總是希望珍藏一些美好的回憶。但他們比較脆弱，容易受到傷害，而且做事也缺少足夠的恆心和毅力，常常不敢面對困難和挫折。

三、抽屜和桌面全部是亂七八糟。這類人大多數待人相當親切和熱情，性格也很隨和，但做事多憑一時的喜歡和衝動，屬於「三分鐘熱情」。他們缺少深謀遠慮的智慧，不會把事情考慮得太周密，也沒有什麼長遠的計劃。生活態度雖積極樂觀，但太過於隨便，不拘小節，經常是馬馬虎虎，得過且過，但是他們的適應能力卻比一般人要強。

四、無論是桌面上還是抽屜裡，所有的文件都按照一定的次序和規則排好，整齊而又乾淨。這一類型的人工作很有條理性，組織能力也很強，辦事效率也比較高，而且具有較強的責任心，凡事都會小心謹慎，態度相當認真。這樣的人雖然可以把分內工作做得很好，但墨守成規，缺乏冒險精神，所以不會有什麼開拓和創新之舉。

五、桌面上收拾得很乾淨、整潔，但抽屜內卻是亂七八糟。這樣的人雖然有足夠的智慧，但往往不能腳踏實地地做事，喜歡耍一些小聰明，做表面文章。

他們性格大多比較散漫、懶惰，為人處世並不是十分可靠。在表面上看來，他們有比較不錯的人際關係，但實際上，卻沒有幾個人是可以真正交心的，他們內心很孤獨。

六、各種文件資料總是這裡放一些，那裡也放一些，沒有一點規律，而且輕重緩急不分。這樣的人大多做起事來虎頭蛇尾，沒有頭緒。他們的注意力常被一些其他的事情分散，從而無法集中在工作上，自然也很難取得優異的成績。

必須防範和最好 遠離的幾種職場小人

在職場生活裡，我們可能一直都很努力將自己的本分做得很好，但還是會不順利，這有可能是因為我們在職場裡遇小人、犯小人的緣故！以下就是我們不能不防範和最好遠離的幾種職場的小人。

一、是非小人

是非小人就是喜歡聽信謠言、製造謠言和傳播謠言的人。這些人完全不理會什麼是事情的真相，只要有傳播的價值，他們便會毫不保留的成為大喇叭，他們很喜歡用謠言的方法向身旁的夥伴下毒，影響週遭的人。在職場中，這種小人，唯恐企業不亂！

二、沒責小人

沒責小人就是沒有責任和不負責任的人。這類型的小人，該做的事往往都沒做，他們很會偷懶。每當有事情發生了，他們的第一個反應便是推卸責任，他們會常說這不是我的錯！他們會常責罵其他人，他們喜

歡否認自己的過錯，然後找藉口來當成沒這回事。

三、分裂小人

分裂小人，他們有一個特別的能力，那就是他們可以言行不一，講一套做一套，喜歡誇大其詞，講的時候就是天下無敵，做時便是有心無力。這種小人，往往只會包裝自己，但是沒有實力。

四、小貪小人

這種小人最愛貪小便宜，他們會因為貪小便宜而出賣團隊及一起工作的夥伴。這種小人常專注於短暫的利益而非長期的合作。在職場裡，他們可能就是那些你起初非常信任的人，他們懂得利用你對他們的信任，出賣你！

五、善變小人

我們知道，改變是必要的。我們也知道，在這世界裡，唯一不變的就是改變!在職場中，如果你改變自己的行為和態度，你是被接受的，但是這種小人喜歡改變的不是自己，而是改變所設定的遊戲規則。他們不只對外時會改變所設定的遊戲規則，連同自己的工作夥伴也不放過。

六、可憐小人

扮得楚楚可憐的人，很容易讓人家投同情票。他

們在你的面前扮可憐的樣子，是希望你可以同情他，然後答應他的要求，尤其是無理的要求。很多時候，你就是因為心軟，很容易就掉入小人的招數裡。你要記得，可憐之人必有可恨之處。

七、擔心小人

這種小人擁有負面的思想，他們經常懷著擔心的心態來處理事務，他們的擔心心態常會讓大家更加擔心直到對事務的完成失去信心。他們還沒起步就投降，擔心自己做不好，完全沒有行動。關鍵的是他們會影響身旁的人，搞得團隊裡兵荒馬亂！

八、兩頭小人

搬弄是非，在你前面講一套，在後面又跟別人說另一套。他們就有如兩頭蛇，和你的關係一直無法明朗化，在你面前對你特好，但是在別人的面前就出賣你，說你的不是。他們喜歡向你套話，之後就說是你講的，他們甚至可以在你面前以一臉受委屈的樣子，來得到你的同情，連你不同意的看法，他們都可以說是你說的!這種小人很難對付，因為你完全不知道他的心裡想的是什麼？他們何時才是真心的對待你。

識別和判斷對方是否有防禦心理

　　對方對我們有認同心理和好感的時候，才容易與我們配合和合作，否則，溝通起來就會困難重重。因此，認清對方是否有防禦心理是非常有意義的。

一、防衛性的姿態

　　在生活中，有時人們會不由自主地呈現出一種保護自己身體，隱藏個人情緒，以對抗他人侵侮的姿態。這時，如果我們去說服他們，往往就容易碰壁。表現防衛性的姿態有以下幾種：

　　雙手交叉在胸前。這種雙手交叉的姿勢是日常生活中極普遍的姿態，而且根據學者的研究，這種姿勢似乎在世界各地都同樣代表防衛的姿勢。老師和老師在一起時常用這種姿勢，醫生和醫生在一起討論時，也常出現這種姿勢，小孩子們交叉起手臂來維護自己的尊嚴。這種姿勢似乎可以使人自覺穩如泰山，能對抗任何攻擊。

在人際交往中，如果你的交往對像交叉起手臂時，便表示他已經轉為防衛地位了。如果你未能及時發現對方所表現出的反對、抗議、不滿等信號，而自顧自地高談闊論，再三重複地刺激對方，結果往往使本來願意親近自己的人反而疏遠。

坐在椅上，蹺起一隻腳來跨在椅背上。這種姿態看似輕鬆（嘴角往往都帶著一抹微笑），但實際上卻極不合作。這種人經常對別人的感覺或需要漠不關心，甚至有點敵意。空服員表示機上採取此種坐姿的男性旅客經常是最難服侍的人。在買主與推銷員之間，買主也經常在自己的辦公室中擺出這種坐姿以表現他優越的主宰地位，上司在下屬的辦公室中亦以此種姿勢來表現其權威。

標準的腿交叉姿勢。即一條腿搭在另一條大腿上，小腿下垂。這是人們普遍採用的一種姿勢。這種姿勢表達了一個人的防衛、甚至是帶有敵對的心理。例如，在一次行政會上，頒布了一些關於分配方面的規定，其中一個人採用了這種腿交叉的姿勢，低著頭看報紙，顯然，他的反應是不積極的。等規定一宣讀完，他便立即放下手中的報紙提出了幾點不同的意見，而整個會議也由此展開了爭論。

講課的教師也會發現，坐在下面聽課的學生，如果雙臂交叉，同時也雙腿交叉，那麼一定是對老師的觀點發生質疑。戀愛中的男女，如果女方將臂、腿緊緊交叉起來，那麼這不是一個積極的信號。這時，另一方應設法轉移對方的情緒，使她改變原來的姿勢。

有許多習慣是不知不覺養成的。有人一落座，就可能雙腿交叉，並沒有什麼特殊的含義。所以在觀察時，要注意言辭與個別姿態在表達上的一致性，以及個別姿態與一連串姿態的不矛盾性，以免發生誤解。

4字形腿交叉姿勢。4字形腿交叉姿勢，是把一隻腿的小腿放在另一條腿的大腿上。這種姿勢與標準的腿交叉姿勢比較起來，更具有競爭性。

一般說來，具有進攻性、競爭性等外向性格的男子容易採用這種姿勢，並伴有抖腳，它表示一種對別人不服氣，而自己正確的情緒。

如果，對方採用4字形腿的姿勢，同時還將手搭在腳踝上或腿上，那麼，就形成了「4字形腿夾」，這樣的姿勢給人的感覺是固執己見，頑固不化。如果一個公司的主管頒布了本公司一批資遣人員名單後，坐下來，採用這樣的姿勢，那麼，被免職的下屬無論怎樣懇求，也不會打動上司的心。這種姿勢表明主意已定，

絕不更改。常使用這種姿勢的人，也常常是難於合作的人。跟這樣的人打交道，最好是先改變他的姿勢，然後再進入正題。

二、評估姿態

有一些最令人易於誤解的姿態，就是我們所稱的評估姿態——處理一些苦思焦慮的問題時的姿態。

我們社交生活的成功與否，要依賴個人的溝通能力，所以對反饋訊息之了解和鑑定，對那些想知道自己的訊息被接收多少的人來說，是極為重要的。透過觀察對方顯露出的評估性姿態，你可以鑑定出對方對你發出的訊息是接納還是批判，是感興趣還是冷漠。評估性姿態有以下幾種：

批判性的評估姿態。

手撐著臉頰的姿態是一種表現出沉思、感興趣和注意力集中的姿態。大家都熟悉偉大的雕塑家羅丹的雕塑作品「思想者」，而且不會懷疑那些擺出類似羅丹的「思想者」姿態的人，用手支在臉頰上，一定是沉溺於某種沉思當中，有時還稍微地眨眨眼睛。如果某人在和你的交談中表現出一隻或兩隻手撐在頭部，並且身體向前傾靠，那說明他對你的談話內容很感興趣。

有時候一個人會持「批判性的評估姿態」，即把一隻手放到臉上，手掌把住下頜，然後食指伸到面頰上，其他手指都放在嘴邊。這種姿態，再加上把身體向後游離你，則其思想形態就是批判的、嚴謹的，或者是某些想法跟你相反。

頭部不傾斜而是伸直。

達爾文在他早期的研究中注意到，動物和人在聽到某些有興趣的事物時，會稍微把頭抬高起來。從很早時候起，婦女就本能地瞭解到這種姿態的含義，它會給人一種洗耳恭聽的印象。當她們與一位男人交談並想給人留個好印象時，不自覺地就會使用這種姿態而確實能達到較好的效果。

當人們對某種訊息不感興趣時，其姿態簇（一連串配合的姿態）也會改變。頭不會傾斜反而會伸直，背脊挺立，然後無精打采的樣子。他們會望望天花板，有人會不停地看看手錶，看看別人，最後甚至把身體的姿態擺得指向出口處。在交談中別人如果表現出這些姿態，那你就要考慮轉換談話內容或結束談話了。

抓撫下巴。

這個「很好，讓我考慮考慮」的姿態，似乎是遍行於全世界的，也是人們在進行決策過程中常做的姿

態。達爾文提到這種沉思姿態，並且報告說，世界上各種人「有時候會抓抓鬍鬚……而雙手，通常是大拇指和食指，會觸摸到臉部，最普通的是用手指去觸摸上嘴唇」。這種姿態意味著明智的人正在作判斷。與這個姿態一道使用的臉部表情是稍微吊眼斜看，好像是要從遠處看看問題的答案是什麼。

踱步。

當人們要解決困難問題或作困難的決定時，往往採用這種姿態。這是一種非常積極的姿態，當別人在踱步思考時，最好不要去打擾他，除非他想要問問題。

捏捏鼻樑。

這個姿態通常伴隨著緊閉的眼睛，表示他正極為關心並深思其所要作的決策。一個自我衝突中的人可能低下頭，用手捏捏其鼻樑，以試驗他是真在這個困境中，或者那只是個噩夢而已。當別人表現出此姿態時，我們要保持安靜，認定他的感受，並且等他表示他的疑問，而不要貿然促使他從這個情景中脫離出來。

三、表達懷疑和秘密行為的姿態

所有表達出懷疑、不確定性、拒絕以及疑問的姿態在基本上都有共同的訊息，即否定性！其強度應視所伴隨的情緒而有所差異，但是其訊號通常是大聲響

亮而且清楚的，比如說：「我不買帳。」

最明顯的拒絕態度是手臂交疊，身體移開，交叉雙腿，頭向前傾，有些人還從眼鏡上方窺視，好像要把所說的話「看」得更清楚些。有些更高級的姿態，我們不易覺察，比如，身體稍微移開，以側身對著你，並且摸摸鼻子，或捏捏鼻子等。這些可能是最具否定意味的姿態。

斜眼瞥視。當別人斜眼瞥你時，一般表示懷疑、疑問和不信任的態度。你不妨仔細回想一下，有人對你說過你不喜歡的話、你不同意的話、或者令人懷疑的往事嗎？當你在說「你說那些話是什麼意思」之類的話時，可曾用斜眼看人？那就像一位拳擊手或劍術師正蓄意以待地要把對手擊倒一樣。

觸摸或輕輕地擦鼻子，通常是用食指。

這個姿態很平常。一般的演說者在他們對研究一個主題的方式或聽眾的反應沒有把握時，往往會摸鼻子。值得注意的是，任何姿態都不是絕對的。有時候人們摸鼻子是因為發癢之故。

但是，在因發癢而擦摸鼻子與用這種姿勢表示否定或反對意思之間，仍然有清楚的差異。人們在搔癢或擦揉鼻子時通常會很用力，然而在裝腔作勢時卻輕

輕的。後者的動作優雅，並且常常伴隨著一個姿態簇，譬如蜷縮在椅子上，把身體扭曲成側身姿態，或者身體動來動去。這種姿態的變形是用食指擦揉耳朵後面。

四、備戰姿態

當人們內心產生某種強烈慾望時，往往很快就會擺出備戰的姿態。表達備戰意義的姿態有以下幾種：

雙手叉腰。這是一個可以輕易辨別出來的明顯姿態。在各種運動比賽中，就常可以看到準備上場的運動員作出這種姿勢來。當年少的兒子或女兒向父母的權威挑戰時，也往往擺出這種姿態。另一個與此稍微不同的備戰姿態是坐著的，一隻手撐在大腿中央，上身微微前傾。

坐在椅子邊上。當人們準備好要讓步、要合作、要購買、要接受或要征服別人時，就會移坐到椅子前端。這表示某種公然的行動即將發生了。

雙臂分開，雙手抓住桌邊。這個姿勢或坐或立，都強烈地表示出「注意聽，渾蛋！我有話要說！」這是一個意味著強烈的情緒即將爆發的姿勢。

在人際交往中，當他做出這種姿態時，你最好及早認清，趕快調停，以免出現大傷感情的尷尬場面。

向前移進，同時推心置腹地說話。這是一種比較

微妙的姿態，隱約地表露出侵略性的備戰心理。這個姿態通常是向前傾身，移到約30厘米的親密距離。在身體上表露此種親密意識的同時，這人往往還會降低聲音，給你一種印象，覺得他所要說的是極端秘密，只能說給你一個人聽。其實恰好相反，這種姿態顯示他慣於要別人服從他的指示，而且還會以此種態度，身體力行地去管制別人。

五、表示厭煩的姿態

說話「喋喋不休」，不顧他人反應是很令人厭煩的。一個懂得吸引聽眾的人，一定會常常記得觀察表示缺乏興趣的姿勢，以便於在適當的時候停止說話，或者改變方式，想辦法讓他人對他的見解感興趣。

敲桌子，跺腳。當人感到不耐煩時，會用手或筆在桌上敲著單調的節奏，有時還配合著腳跟在地板上打拍子，腳抖動或腳尖輕拍。

以手支著頭。另一個不耐煩的姿勢就是手扶著頭，視線朝下，下巴下垂。

胡亂塗鴉。任何一種避免直視對方的動作，都會干擾公開的交談。當一個人在聽你講話時用筆在紙上胡亂塗鴉，那就表明他對你的話題缺乏興趣。

目光空洞。另一種顯示厭煩的姿態是「對你視而

不見」。這是最肯定他不感興趣的信號，就是他的眼皮幾乎眨都不眨一下。沒有眨眼，即說明這人恍恍惚惚，心不在焉，對於周圍的事物毫不關心或極端厭惡。

我們常原諒使我們厭煩的人，但絕不原諒那些厭煩我們的人。因此，在聽他人講話時我們不要動輒表現出厭煩的姿態。

觀察和發現對方 的贊同和接受態度

一位心理學家說：「人們生來便應互助合作，如手，如足，如眼瞼相依、如唇齒難離。」你一定有過許多次慘痛的經驗，一個原本十分合作的人，突然在某一點上，一切都錯了，事情也都弄砸了。那人原本親暱地呼你小名，突然卻正經地連名帶姓稱呼你。他的微笑也變成了皺額撇嘴。他的眉尖微蹙，他或許故意低下眼來瞪著你看。這時你或許會變得手足無措而不知如何是好。

為了預防這種由合作轉為不合作的情況產生，我們可以借由觀察對方的動作來推敲他的反應，在他發出第一個不同意的信號時，便重新評估自己的言行。

一、表現坦白和真誠的開放性姿態

下面是我們該注意到的兩種表現坦白和真誠的開放性姿態：

攤開雙手。大部分的人要表示真誠與公開的一個

姿態，便是攤開雙手。意大利人毫不拘束地使用這種姿態，當他們受挫時，便將攤開的手放在胸前，作出「你要我怎麼辦呢？」的姿態。而聳肩的姿態也隨著張手和手掌朝上而來。大家都可能已經留意到，當小孩子對自己所完成的事感到驕傲時，便會坦率地將手顯露出來，但是，當他們有罪惡感，或對一個情況產生懷疑時，便會將手藏在口袋中或背後。

解開外衣紐扣。別人若對你坦白友善時，則經常會在你面前解開外衣的紐扣，甚至於脫掉外衣。在一個商業會議上，當人們開始脫掉外衣時，便可以知道，他們在談論的某種協定，會有達成的可能；不管氣溫多麼高，當一個商人覺得問題尚未解決，或尚未達成協議時，他是不會脫掉外套的。

二、表示合作的姿態

下面是幾個我們該注意到的，表示願意合作的姿勢：

坐在椅子邊上。若這個動作和其他一些表示感興趣的姿勢一起出現的話，則無疑的是一種願意合作的信號。比如，當推銷員把東西賣掉時，他與對方簽約的姿勢往往是大半個身子不在椅子上，全身重量都移到椅子前端，顯出極為熱切的樣子。

　　手放在臉頰邊。這個姿勢代表的意義很多，從表示無聊到評估對方，都是採用這種姿勢。由於評估之後他或許會對你有好感，因此這也可以被看做是一種表示某種程度上的合作的姿勢。如果10個人都坐在椅子上，腿都蹺起來，其中5個人手摸著面頰，通常多數人都會認爲那些手挨著面頰的人是比較願意合作的。

　　外套不扣扣子。這樣的姿勢不僅表示對方已敞開胸懷願意接納你和你的點子，而且他正注意傾聽你的陳述。

　　以官銜稱呼。這表示對方對你所說的很感興趣，有合作的可能。他並沒有拒絕你。

　　### 三、表示接受的姿態

　　大家都希望別人能同意並願意接納自己、自己的想法及自己大部分的所作所爲。然而就像態度可以很快轉變一樣，自己一向認爲意見相投的人，會突然擺出敵意，讓你不知所措。因此要隨時留意對方的姿態，如果認爲他不主動支持你，就得重新暸解他了。常見的接受姿態如下：

　　手放在胸前。多少年以來，人們一向把手放在胸前以示忠貞、誠實及效忠。在表演的戲劇中，這種姿勢被公認爲用於表示真摯及誠實的人。值得注意的是，

除了正式場合外，婦女很少用這種姿勢來表達忠貞、誠實或效忠。相反的，婦女把一隻手或兩隻手擱在胸前，通常是一種保護的姿勢，說明受到了突然的驚嚇或驚喜。

觸摸的姿勢。觸摸的姿勢因人因事不同而有不同的意義，對某些人來說是一種贊同，對其他的人則是一種打岔的信號。也有些人以此來安撫那些心情過於激動的人。有許多人也可視之為一種再保證的觸摸，不僅用在自己喜歡的人身上，也用於自己得獎的東西上。

挨近他人。這個姿勢被視為接受的表現。當一個人特別熱衷於某一個話題時，往往會挨近對方，而且聲調也跟著提高。同樣，當你談話時，別人挨近你，表明他對你的談話內容感興趣。

四、表示期待的姿態

當我們盼望得到某種東西時，往往會在不知不覺中用姿態傳達出這種期待的感覺。

擦掌。當小孩子看見母親從市場上回來，把裝滿貨物的自行車停住時，會高興得摩拳擦掌，表現出一副期待的姿態。通常人們在參加某種活動之前，會揉搓雙手，像要洗手的動作。除非是雙手冰冷，否則就

是無言地傳達出他對這項活動十分感興趣。

　　手指交叉。在許多緊張的場合中，我們常可看到這種動作，特別是當一個人有某種要求時，常不動聲色地把手指交叉起來，以表示希望能實現其願望。

▶認清對方內心
感到挫折時的姿態

人的一顰一笑、一字一語、一舉一動都是一個訊息，一種身體上的語言，唯有在他的軀體意欲如此行動時，才會出現那樣的動作。當人遇到挫折時，經常會表現出相應的姿態。

一、十指交叉緊握

一個人十指交叉時，不論手是放在桌上或腿上，他常會將兩個大拇指互相摩擦或互繞小圈子。這種姿勢是一種遇到挫折，尋求保證的表示。有時，交叉的十指還表現出遺憾、沮喪的情緒。痛失良機，痛失愛侶的心情，有時也會透過這種手勢表示出來。

雙掌交握是一種和十指交叉相對的姿勢。討論會中眾人注目的焦點人物常採取這種姿勢，當有人要求他回答一系列棘手的問題時，他尤其會採取這種姿勢。

雙手緊絞在一起的人常是精神緊張而難於接近的，遇到這種人應當設法使他放鬆。使他放鬆有一種頗有

效的小技巧，便是在談話時略微傾身向著他以示信任和鼓勵。

二、握拳的姿勢，握拳基本上是一種暴力的姿態

查爾斯·達爾文在《人類與動物的情緒表現》一書中指出，握拳的姿勢代表一種決心、憤怒，也可能是種含有敵意的行動。更進一步地，他注意到，當一個人握緊拳頭時，會在他周圍引起連鎖反應，使對手也握緊拳頭。這種情形發生在一場激烈的爭吵中時，當然會引來一場真正拳頭相向的肉搏戰了。有時，人們也許並不在乎別人看見自己雙手握拳，但通常他們都會下意識地把握拳的雙手插在口袋中，交叉藏在手臂的腋下或放在背後。

三、豎起食指

多數的時候，我們都不喜歡任何人拿指頭直指著我們。

在激烈的爭辯中，人們用手直指對方的情形是屢見不鮮的，有些人更慣於使用眼鏡來加強他那伸出的手指手勢，以表示申斥、警告或加強語氣。由於處於困窘之境的人通常都比較難於和他人合作，因此，除非對方已明顯表示出敵意或拒絕，否則，最好不要以手指指人，以免陷對方於困窘之境。

四、手放在頸背上

這種姿勢被稱為「防衛式的攻擊姿勢」。在需要防衛的情況下，人們的手常不自覺地放到腦後去。但在防衛性的攻擊姿勢中，他們偽裝是在防衛，但手卻是放在頸後而非腦後。女人尤其善於這種偽裝，她們伸手向後，撩起頭髮，而且還相信自己這種動作是因為「他老是碰我的頭髮」。體育活動中的運動員或經理人在第一局結束時，脫下帽子或頭盔便常出現這種姿勢；有時當他情緒更激動時，甚至會憤怒地將帽子或頭盔摔在地上。

五、踢地或踢任何幻想的對象

當人們覺得生氣、受挫、或困擾的時候，都有種想去踢門的衝動，或者用輕踢地面來表達不滿或厭惡。有些人在考慮一件事情時，也常會輕踢著地面，似乎想把事情踢皮球似的踢掉。

六、鼻孔朝天

這是一個幾乎在世界各地都用來形容一種不高興或拒絕的姿態。即使連幼兒也知道，要轉過臉去以表示拒絕他不喜歡的食物；而且他們會盡量把頭向後仰，以致鼻孔朝天，似乎在躲避那種他所討厭的味道。伴隨著這個動作出現的，常是一種被形容為「從鼻孔下

面看人」的低垂眼神。

七、呼吸急促

有些動作和聲音常會一起出現。牛一生氣,就會呼嚕的大聲從鼻裡噴氣;人一緊張,也會變得呼吸急促,弄得空氣從鼻孔中咻咻作響地進出,頗像牛在喘大氣。在悲傷的場合中,感情激動的人常會深吸一口氣,再慢慢地吐出去,發出一聲長長的歎息。呼吸聲在表達焦慮或討厭的訊息中扮演著很重要的角色。在人際交往中,當對方呼吸變急促時,你應提高警惕、緊急刹車,以避免出現困窘的場面。

準確地識別對方 內心是否感到緊張

人體的動作是大腦活動的外露顯示，人在緊張不安時，也會顯露出一些有關的姿勢。

一、清喉嚨

任何曾對大眾或少數人演講的人，都會記得喉頭突然一緊發不出聲音的情景。由於不安或焦慮，喉頭中形成黏液，因此自然必須先清清喉嚨，使聲音恢復正常。有些人因爲不時地清喉嚨而被視爲一種怪僻，但很多人卻是由於緊張的緣故。一般說來，說話不斷清喉嚨、變聲調的人，表示他們有所不安和焦慮，成年男子若有意清喉嚨，可能是在對小孩子或其太太的舉止提出一種非言辭的警告。

二、噓聲

人們常在不自覺中發出這種吐氣聲，多半以此來表示某種懸而未決的情況已解決了或是已穩定下來。人在緊張時是不可能控制呼吸的，噓聲實在是一種鬆

口氣的聲音。

三、口哨聲

吹口哨顯示出一個人心情的多變。最有趣的哨聲是人在害怕或不安時發出的,藉以建立自己的勇氣和信心。每當他置身於緊張的場合中,就以吹口哨來安慰自己。

四、坐立不安

在感覺壓力的情況下,人們在椅子上會坐立不安一直到覺得舒服了為止。問題不在於椅子,而在於所處的情況。

五、說話時以手掩嘴

查爾斯‧達爾文曾寫道:「以手掩嘴是一種『吃驚的姿勢』,有時一個人對他所說出的話感到抱歉或吃驚時也會這麼做。這動作好像是希望能制止我們所說的話,雖然這話已出口。」一般說來,以手掩嘴的姿勢說明了說話的人對自己說出來的話毫無把握,而企圖將它一筆抹殺。

六、坐時扯褲子

扯褲子的動作與決定有關。一個人作某種決定時,他會猛扯褲子,而且在椅上也坐立不安。等作了決定之後這個動作就會停止。

七、扯耳朵

有些人在緊張或不安時有扯耳的習慣。有時扯耳朵還表示一種聽者想打岔的信號。舉手是讓人知道我們有話要說的信號，但是大部分人卻不願使用它，通常才舉到一半時就收回了，而改以一種扯耳的微妙動作，然後再恢復原位。另外一種動作是用食指壓住嘴，好像要把嘴封住，讓話出不來。

瞭解打岔的姿態，對你的交談是很有益的。當你對聽者打岔的姿勢有所反應時，對方會認為你是個十分健談寬容的人，因為你允許他積極地參與談話。

上面我們簡單介紹了一些在人際交往中人們常常下意識地表露出來的姿態及其所代表的意義。需要指出的是，在觀察他人行為或姿態時必須注意以下問題：

一、不能只觀察一些個別的姿態，必須注意言辭與個別姿態在表達上的一致性，以及個別姿態與一連串姿態的不矛盾性。因為一個姿態只代表一種意義，如果不瞭解一個人的姿態簇（一連串配合的姿態），沒有把他前後動作加以融會貫通，只單憑某個表情或某個孤立的姿態就倉促下結論，難免會犯下斷章取義的錯誤，造成誤解對方的後果。

二、姿態所表達的意義可因地、因時、因人、因

手段而改變，所以不僅應仔細觀察姿態簇，甚至應把姿態簇和它們所牽涉的情境連接起來，才能瞭解其意義。

三、相同的姿態和動作在不同的文化背景當中，可產生完全不同的反映，觀察時必須注意，以免發生誤解。另外，還有許多姿態總是不斷地重複出現，有時這純屬習慣而已，沒有任何用意。

大拓 讀者回函卡

書　　名：**我猜！他下一步會這麼做：人性心理學最高境界**

購買書店：＿＿＿＿＿＿＿市／縣＿＿＿＿＿＿＿＿＿書店

姓　　名：＿＿＿＿＿＿＿＿＿　生　日：＿＿＿年＿＿月＿＿日

身分證字號：＿＿＿＿＿＿＿＿＿

電　　話：(私)＿＿＿＿＿ (公)＿＿＿＿＿ (手機)＿＿＿＿＿＿

地　　址：□□□□□＿＿＿＿＿＿＿＿＿＿＿＿＿＿

E - mail：＿＿＿＿＿＿＿＿＿＿＿＿＿＿＿＿＿

年　　齡：□ 20歲以下　　□ 21歲～30歲　□ 31歲～40歲
　　　　　□ 41歲～50歲　□ 51歲以上

性　　別：□ 男　□ 女　　婚姻：□ 單身　□ 已婚

職　　業：□ 學生　　□ 大眾傳播　□ 自由業　□ 資訊業
　　　　　□ 金融業　□ 銷售業　　□ 服務業　□ 教職
　　　　　□ 軍警　　□ 製造業　　□ 公職　　□ 其他

教育程度：□ 高中以下（含高中）□ 大專　□ 研究所以上

職 位 別：□ 負責人　□ 高階主管　□ 中級主管
　　　　　□ 一般職員　□ 專業人員

職 務 別：□ 管理　　□ 行銷　　□ 創意　　□ 人事、行政
　　　　　□ 財務、法務　　□ 生產　□ 工程　　□其他＿＿＿

您從何得知本書消息？
　　□ 逛書店　　□ 報紙廣告　□ 親友介紹
　　□ 出版書訊　□ 廣告信函　□ 廣播節目
　　□ 電視節目　□ 銷售人員推薦
　　□ 其他＿＿＿＿＿＿＿

您通常以何種方式購書？
　　□ 逛書店　　□ 劃撥郵購　□ 電話訂購　□ 傳真訂購　□信用卡
　　□ 團體訂購　□ 網路書店　□ 其他＿＿＿＿＿＿＿

看完本書後，您喜歡本書的理由？
　　□ 內容符合期待　□ 文筆流暢　□ 具實用性　□ 插圖生動
　　□ 版面、字體安排適當　　□ 內容充實
　　□ 其他＿＿＿＿＿＿＿

看完本書後，您不喜歡本書的理由？
　　□ 內容不符合期待　□ 文筆欠佳　□ 內容平平
　　□ 版面、圖片、字體不適合閱讀　□ 觀念保守
　　□ 其他＿＿＿＿＿＿＿

您的建議：

剪下後請寄回「221台北縣汐止市大同路3段194號9樓之1大拓文化收」

221-03

台北縣汐止市大同路三段 194 號 9 樓之 1

大拓文化事業有限公司

編輯部　收

為你開啟知識之殿堂